引爆

如何制造热度

DETONATE

霍文智 著

灵感 ▶ 想法 ▶ 思路 ▶ 创作 ▶ 传播 ▶ 发展

北京时代华文书局

图书在版编目（CIP）数据

引爆 ：如何制造热度 / 霍文智著. -- 北京 ：北京时代华文书局，2024.7

ISBN 978-7-5699-5508-8

Ⅰ.①引… Ⅱ.①霍… Ⅲ.①网络营销 Ⅳ.①F713.365.2

中国国家版本馆 CIP 数据核字（2024）第 106055 号

Yinbao：Ruhe Zhizao Redu

出 版 人：陈　涛
选题策划：王　生
责任编辑：邢秋玥
装帧设计：乔景香
责任印制：刘　银

出版发行：北京时代华文书局 http://www.bjsdsj.com.cn
北京市东城区安定门外大街 138 号皇城国际大厦 A 座 8 层
邮编：100011　电话：010－64263661　64261528
印　　刷：三河市金泰源印务有限公司　　电话：0316-3223899
开　　本：710 mm×1000 mm　1/16　　成品尺寸：165 mm×235 mm
印　　张：14　　字　　数：159 千字
版　　次：2024 年 7 月第 1 版　　印　　次：2024 年 7 月第 1 次印刷
定　　价：58.00 元

目录 CONTENTS

第七章

传播渠道选择与管理 /165

第八章

热度维护与持续发展策略 /193

第一章

热度思维的革新

1.1 重新定义热度与影响力

在当今信息大爆炸的时代，我们的朋友圈每天都充满了各种话题、产品、人物和事件。热度就像我们朋友圈内容的点赞数，越多越证明这个话题或事件受欢迎；而影响力就像转发量，意味着有多少人看到并参与进这个话题或事件中。我们会发现，有时候，一个话题的热度很高，影响力却很有限；有时候，一个话题的影响力很大，热度却不高。那么，我们应该如何定义热度与影响力呢？我认为应该关注以下四个方面。

（1）关注它们的真实性和透明度。在互联网时代，虚假信息和谣言泛滥，让人防不胜防。所以，我们要仔细辨别热度与影响力的真实性。同时，我们还要让它们像透明的水晶一样，让所有人都能看到它们的内在价值。

比如，之前微博上有一个热门话题是“冰桶挑战”。虽然这个活动很有创意，也确实帮助了一些人，但是后来却被曝出其中存在很多作秀和炒作的行为。因此，虽然这个话题的热度很高，但它的真实性却受到了质疑。

（2）**关注它们的深度和广度**。热度虽然重要，但更重要的是话题或事件的内涵。就像是一本书，不仅要好看，还要有营养，要让影响力在各个领域和群体中传播开来，让更多的人受益。

“环保”就是一个具有深度和广度的话题。它不仅涉及每个人的生活，还涉及整个地球的未来。因此，很多企业和个人纷纷参与到环保事业中，通过各种方式来宣传环保理念和行动。这种具有深度和广度的话题不仅能够在短时间内引发人们的关注和讨论，还能够长时间地影响人们的行为和观念。

（3）**关注它们的时效性和持续性**。热度虽然短暂，但影响力却可以持久。就像是一个人的魅力，不仅要在短时间内吸引人，还要在长时间内保持好的口碑。

“奥运会”就是一个具有时效性和持续性的话题。虽然奥运会每四年举办一次，但是它所产生的影响力却是持久的。人们不仅会在每届奥运会举办期间关注比赛和奖牌榜，还会在平时关注各种与奥运会相关的新闻和事件。这种具有时效性和持续性的话题能够在长时间内保持吸引力和影响力。

（4）**关注它们所体现的创新性和价值**。在这个日新月异的时代，没有创新就没有未来。而价值则是我们做任何事情的出发点和落脚点。只有不断创新并体现价值，才能真正赢得人们的喜爱和尊重。

“共享单车”就是一个具有创新性和价值的例子。它不仅提供了便捷的出行方式，还通过创新的技术和管理模式解决了城市交通的“最后一公里”问题。这种具有创新性和价值的话题不仅能够吸引人们的关注和讨论，还能够为社会带来积极的变化和影响。

那么，未来的热度和影响力会有哪些新的变化和趋势呢？具体体现在下面三个方面。

（1）人工智能和大数据技术将会成为热度和影响力的重要“导航仪”。我们可以通过分析大数据来了解人们的兴趣爱好、行为习惯和情感变化，就像有了“读心术”一样，能够精准地掌握人们的内心所想。这样一来，我们就能更加科学和准确地衡量一个话题或事件的真正热度和影响力，从而更好地把握市场和社会的动态。

（2）社交媒体和视频平台将成为热度和影响力的重要“扩音器”。在如今全民自媒体的时代，每个人都有自己的声音。通过短视频、直播、社交分享等方式，我们可以将自己的声音传递给更多的人，让更多的人了解我们的品牌或产品。同时，这些社交媒体和视频平台也将为我们提供更多元化的传播渠道，让我们能够以更加生动、形象和有趣的方式展示话题和产品的魅力，吸引更多人的关注和参与。

（3）跨界合作和共创共享将成为未来热度和影响力的重要“催化剂”。不同领域、不同行业之间的跨界合作将为话题和产品带来更加丰富的内容和体验，就像不同食材的碰撞，往往能够产生出更加美妙的味道。而共创共享的理念也将深入人心，人们将更加注重与他人共同创造和分享价值的过程和体验。这种合作和共享的精神不仅能够为我们带来更多的机会和资源，还能够促进社会的发展和进步。

在未来，追求热度和影响力不仅仅是一个简单的趋势，它更是人们对于信息传播、社交互动和文化交流的追求。因此，我们要思考未来的热度和影响力是否会带来一些负面影响。例如，极高的热度和影响力是否会导致信息的过度消费、对社交媒体的过度依赖或文化同质化等问题。

我们需要以一种更加理性和全面的视角来看待未来的热度和影响力，关注它所带来的机遇和挑战，同时也要思考如何更好地利用这些工具和技术来促进社会的发展和进步。只有这样，我们才能提升热度、扩大影响力，与时俱进，做好各方面的工作，让我们的事业获得成功。

1.2 从产品导向到用户导向的转变

在过去，我们眼中的产品就是那些摆在货架上，需要我们掏钱购买的物品。然而，随着科技日新月异的变化和市场竞争的加剧，产品已经不只是那个静静躺在那里的实体，而是变成了一个充满活力、与用户紧密相连的存在。产品本身只是起点，真正重要的是背后的用户，是那些使用产品，与产品互动，并从中获得价值的人们。这种转变直接带来企业经营从产品导向到用户导向的转变。弄清下面两个问题，有助于我们理解什么是“用户导向”。

(1) 用户导向，是对传统“顾客至上”的产品导向理念的深化和拓展。一直以来，企业把顾客视为上帝，像玩“猜谜语”游戏一样不断地猜测和迎合顾客需求。这种模式的一个关键点是顾客的需求往往是模糊的，甚至是自相矛盾的。顾客可能并不清楚他们真正需要什么。同时，顾客的需求随着时间和环境的变化而变化。“以用户为导向”即用户成为企业进行价值创造的引导方向，企业将始终为客户创造价值，而且体现出了一贯性，并非临时性、暂时性的行为。相对于“以产品为导向”的传统理念，“以用户为导向”的新策略对用户的需求掌握得更加明确而清晰。

（2）用户导向的核心在于以用户为中心，将用户的需求和体验置于产品设计和开发的最前沿。这不仅涉及产品的功能和外观，更是为了与用户建立情感联系，让用户在使用产品的过程中感受到价值和满足。用户导向要求我们不仅要关注用户说什么，更要关注他们的行为、感受和未言之需。

一位热门的时尚穿搭类短视频博主，每次发视频都能获得几百万的点赞，让人以为粉丝关注的是他的视频内容，但你跑去他的留言区一看，就会发现很多粉丝都在求他换回之前的发型。这就是典型的用户反馈陷阱：你以为粉丝的关注点是 A，但实际上他们关注的是 B。

所以，真正的用户导向并不是简单地听从用户意见，而是要具备“用户洞察力”。什么是用户洞察力？简单来说就是我知道你是什么样的人，我知道你在想什么，我知道你要什么。

培养用户洞察力需要：

（1）我们不断地与用户互动，观察他们的行为，倾听他们的声音，以普通用户的身份去体验和感受他们的需求。就像某些时尚博主，之所以受欢迎，并不是因为他们穿得好看，而是因为他们懂粉丝的心，知道粉丝有什么诉求、关注什么、想看什么。

（2）**以用户导向为指导，更好地理解用户的需求，从而创造出真正有价值的产品**。比如通过社交媒体调查发现，用户对A公司产品的某个功能表示满意，却选择了竞争对手B公司的产品，原因是A公司的售后服务出了问题。这种看似矛盾的反馈实际上揭示了一个关键信息：用户对产品的满意度并不完全取决于产品本身，服务质量同样重要。

（3）**不断地进行市场调研，收集用户反馈，分析用户行为，进行用户访谈和焦点小组讨论等操作**。实践用户导向的思维方式和工作方式是充满挑战的。但只有这样，我们才能发现用户的潜在需求，预见市场趋势，做出更有针对性的决策。

（4）**"用户导向"不再是一个空洞的口号或理念，而应成为一种思维方式和工作方式**。它要求我们不断地学习、适应和创新，以用户的需求为出发点，创造出能够真正解决用户问题的产品。就像电商平台巨头的形成并不是因为他们的产品有多么出色，技术有多么先进，而是因为他们真正懂用户的需求和痛点。

企业不仅要学会倾听用户的声音，更要能够将这些"声音"转化为具有可行性的解决方案。这就需要我们深入了解用户的需求，预见他们未来可能的需求。这就好比一个侦探游戏，我们不仅要听用户说了什么，更要观察他们的行为模式，探究他们的潜在动机。

那么，怎样才能更好地应对这个挑战呢？这就需要我们：

（1）**建立一套完善的用户研究体系**。这不是一次性的市场调研，需要企业持续不断地对用户进行观察、访谈，并对得到的数据做分析。通过这些方法，我们可以收集到大量的用户数据，并通过分析来揭示用户行为背后的模式和趋势。

（2）**解读数据背后的故事。**数据还只是冰冷的事实，真正的洞察力来自对数据背后故事的解读。这就需要我们将对用户的调研结果与产品的实际使用场景结合起来，想象用户在现实生活中是如何与产品互动的。这种情景模拟可以帮助我们更好地理解用户在特定环境下的需求。

（3）**建立灵活的产品开发流程。**当然，有了这些调研成果还不够，我们还需要建立灵活的产品开发流程。在互联网时代，产品不再是一锤子买卖，而是需要不断地更迭和优化。这就要求产品经理和开发团队紧密合作，快速响应用户反馈，缩短从概念到市场的周期。

（4）**我们要在企业内部培养以用户为中心的文化。**这不仅仅是一个口号或理念，更需要落实到日常工作中，让企业中的每个人都明确：应该将用户的需求放在首位。这样，团队才会有动力去创新、去寻求更好的用户体验。

（5）**保持一颗谦逊的心。**我们不怕犯错误和误判，但要敢于承认错误，吸取教训，不断调整我们的方法和策略。这样，我们才能在激烈的市场竞争中保持领先地位，为用户提供真正有价值的产品和服务。

从产品导向到用户导向的转变，是一个深刻的变革过程。它要求我们放下传统的思维模式，拥抱以用户为中心的设计理念。这不仅仅是对产品功能的优化，更是对用户体验的全面提升。通过深入的用户分析，我们可以创造出真正有价值的产品，满足用户的需求，赢得市场的认可。在这个过程中，用户导向将成为我们不断创新和进步的动力。所以，赶紧放下手中的产品经理“圣经”，打开社交媒体，深入了解你的目标用户吧！在这个信息爆炸的时代里，“知己知彼”才是百战不殆的制胜法宝！

1.3 引爆热度所需的思维方式

信息爆炸的时代，要想让你的内容像烟花一样在夜空中绽放，吸引无数目光，你需要的不仅仅是创意和内容，更需要的是一套独特的思维方式。在无尽的信息洪流中，让自己发出的声音被听到，是一项需要不断探索和学习的技能。以下十个思维方式，能够帮助你成为一位资深的"热度引爆师"，用你的智慧和幽默感，点燃那把热度之火。

一、你得是个"热点捕手"

这并不意味着你需要整天盯着微博热搜或者时刻关注头版新闻。但你需要有敏锐的观察力，能够捕捉到那些即将拥有热度的"种子"话题。这些"种子"可能是一个新发布的科技产品、一个热门的社会现象，或者是一个流行的网络梗（网络用语，代表某种特殊含义且得到广大网友共鸣的内容）。热点就像流星，稍纵即逝，你得眼疾手快，及时捕捉。

如何培养这种敏锐的观察力呢？答案很简单——保持好奇心。对世界保持好奇，对周围的事物保持关注，这样你才能发现那些即将成为热点的“种子”。除此之外，还可以通过一些工具来帮助你追踪热点，比如 RSS（Really Simple Syndication，简易信息聚合）订阅、新闻推送等。

二、你得是个“话题嫁接专家”

就像园艺师将两种不同的植物嫁接在一起，繁育出更好的植物，你要学会找到热点和你所从事的领域或兴趣点的交集，然后巧妙地将两者结合，创造出独一无二的内容。

比如，如果你是一名健身博主，当某个热门电影上映时，你可以设计出一套与电影主题相关的健身计划。这样既能够借力热点，又能保持你的专业性。再比如，如果你是位美食博主，当大熊猫成为热点时，你可以设计一款以大熊猫为主题的蛋糕，这样不仅紧跟了热点，还能展示你的创意。

三、你得是个“幽默大师”

如今，人们每天都会接收到海量的信息，要想让你的内容在众多的信息中脱颖而出，就必须有吸引人的特质。而幽默，就是其中一种。

幽默能够引人发笑，而笑声则是一种最直接的，也是最有效的传播方式。所以，我们不妨试着用幽默的方式去解读热点，去回应评论，去创作内容。但要注意的是，幽默并不代表轻浮或者不负责任。在运用幽默时，一定要考虑到受众和情境，避免造成误解或者冒犯。

四、你得是个“网感达人”

这意味着你要紧跟网络潮流，了解最新的网络用语、表情包，乃至各种梗。这些元素能让你的内容更加接地气，更容易被网民接受。比如，当“躺平”成为流行词时，你可以用一张“躺平”的猫咪图片，配上文字：“躺平不是放弃，而是在等待时机。”这样的内容往往能够引发年轻人的共鸣。

五、你得是个“故事编织者”

一个好的故事能够穿越时空，触动人的心灵，给人以启示。当一个热点事件发生时，你可以尝试用故事的形式来包装它，使其更具有吸引力和感染力。这个故事可以是真实的，也可以是虚构的，关键在于它是否能够引起人们的共鸣。例如，当“环保”成为热议话题时，你可以讲述一个普通人如何通过日常生活中的小改变来减少碳足迹的故事。通过这个故事，你可以让观众在感动中意识到自己的行动也能为环保作贡献。

六、你得是个“趋势预测家”

这不仅仅是要紧跟潮流，还要有预见未来热点的能力。通过对市场、文化、科技等领域的深入观察和研究，你可以提前布局，为即将到来的热点做好准备。例如，当“虚拟现实”技术逐渐成熟时，你可以提前制作与虚拟现实相关的内容，等到这项技术普及时，你已经站在了信息传播的前沿。这样不仅能够抢占先机，还能展现你的前瞻性和创新精神。

七、你得是个“跨界融合者”

在不同的领域之间寻找交集，创造出独特的内容形式。例如，当“健身”和“游戏”结合时，就诞生了“健身环大冒险”这样的热门产品。你可以将自己的专业领域与热点相结合，创造出全新的内容形式。这样不仅能够吸引更多观众的眼球，还能拓宽你的创作思路和领域。

八、你得是个“数据分析师”

在当前数据驱动的时代，了解数据背后的故事是至关重要的。通过分析用户行为、互动数据等各方面的信息，你可以更精准地把握热点的脉搏，调整你的内容策略。例如，你可以分析社交媒体上的点赞、分享和评论数据，了解观众的兴趣和喜好，从而优化你的内容创作方向。

九、你得是个“互动高手”

热度的引爆不仅仅是单向的信息传播，更重要的是与粉丝的互动。鼓励你的粉丝参与进来，无论是通过评论、分享还是参与挑战，都能让热度持续升温。比如，你可以发起一个“模仿流行舞蹈”（《科目三》《打歌舞》等）的挑战，看看谁的模仿最具创意。

十、你得是个“持续创新者”

热度的引爆不是一次性的过程，而是一个持续的过程。你需要不断地尝试新的方法、新的角度、新的形式，来更新你的内容，以保持粉丝的兴趣。例如，你可以定期推出“热点回顾”系列内容，总结过去一段时间内的热门话题，同时加入你的独到见解和幽默解读。这样不仅能够提供有价值的内容给观众，还能展示你的智慧和洞察力。

在这个时代，“酒香不怕巷子深”已经不再适用。要想让更多的人了解你、喜欢你，甚至帮你传播你的内容，就需要不断地思考、尝试、改进。这样，你才能在当下瞬息万变的网络世界中，始终保持领先，让你的热度像永不熄灭的火炬，照亮每一个角落。

1.4 大数据在热度制造中的应用

热度就像是一种无形的燃料，能够点燃话题的火焰，让它们在互联网的辽原上燃起熊熊烈火。而大数据，这个看似高冷的技术名词，其实正是制造热度的幕后推手。那大数据是如何巧妙地在热度制造中发挥作用，让那些看似平淡无奇的话题能成为热搜榜上的常客的呢？概括起来，有以下几点。

（1）大数据就像一位精明的侦探，从海量的数据中捕捉到那些微妙的线索。它可以通过分析社交媒体上的点赞、转发和评论，来预测哪些话题可能会成为下一个热点。这就像在一片嘈杂的市场中，大数据能够敏锐地捕捉到那些即将涨价的稀有商品。

假如你是一位电影制片人，有部新电影即将筹拍。你想知道哪些元素能够吸引观众的眼球，让他们愿意为这部电影买单。大数据可以帮助你分析过去票房大热的电影，找出它们的共同点。是特效炫酷还是剧情感人？或者是某个明星的加盟？通过这些分析，你可以在电影上映前更有针对性地进行宣传，提高电影的热度。

再比如，如果你是一位时尚博主，你想知道哪种穿搭风格最受欢迎。大数据可以通过分析时尚网站上的浏览量、购买数据和用户评论，告诉你哪些颜色、款式或者品牌是当下的潮流。这样，你就可以在博文中分享这些信息，吸引更多的粉丝，提升你的影响力。

（2）大数据帮助我们理解人们的情感倾向，从而制造出更具共鸣的内容。比如，通过分析用户在特定事件后的情绪变化，我们可以发现哪些话题能够触动人心。这就像在一场盛大的派对上，找到那个能让大家共同欢呼的点。

或者，你是一位新闻编辑，你希望通过报道来引发公众的关注。那么，大数据就可以帮助你分析过去的新闻报道，找出那些引发强烈情感反应的新闻元素。然后，你可以在报道中加入这些元素，让新闻不仅仅是信息的传递，更能引发大众情感的共鸣。

（3）大数据还可以帮助我们精准地找到热度的传播途径。通过对用户的网络行为进行分析，我们可以了解到他们最常使用的社交媒体平台以及他们的兴趣爱好，从而精准地将热点内容推送给目标受众。比如，通过分析用户的搜索历史和浏览记录，广告商可以针对不同的用户投放个性化广告，从而提高广告的点击率和转化率。

（4）大数据能够监测热度的生命周期，从萌芽到巅峰，再到逐渐消

退，为使用者提供精确的分析和预测。它不仅仅是热度的制造者，更是热度的守护者。

你可能是一位活动策划者，正准备举办一场线上活动，希望吸引尽可能多的参与者。大数据就可以帮助你分析过去的类似活动，找出哪些时间点、哪些平台、哪些宣传策略最有效。它甚至可以预测出在哪些特定的时间段发布信息，能够获得最高的参与度和关注度。

或者，你是一名市场营销人员，希望让你的品牌在竞争激烈的市场中脱颖而出。大数据就可以通过分析消费者的搜索记录、购买历史和社交媒体互动行为，来帮助你定位最有可能对你的产品感兴趣的潜在客户。这样，你就可以精准投放广告，提高转化率，让你的品牌热度持续升温。

（5）大数据还能帮助我们识别和利用那些看似无关紧要，但实际上能够引发广泛共鸣的“小火花”。比如，一个简单的梗或者一个有趣的表情包，可能在大数据的分析下，被发现具有成为热门话题的潜力。这就像是在一场篝火晚会上，一个小小的火花，也能点燃整个夜晚的激情。

（6）大数据还能够揭示热度背后的大众心理。它可以帮助我们理解某个话题会引起人们的共鸣，是因为触动了人们的共同记忆，还是因为反映了当下的社会情绪。这样的洞察力，对于内容创作者和品牌营销者，无疑是宝贵的财富。

（7）大数据在热度制造中的应用还广泛渗透到我们生活的方方面面。例如，在电商平台，通过对用户的购物历史和浏览习惯进行分析，商家可以精准地推送相关产品，从而提高销售额。而在健康领域，医疗机构可以通过分析用户的健康数据和搜索历史，为用户提供个性化的健康建议，帮助预防疾病。

（8）大数据还可以帮助政府和企业预测社会趋势和市场需求，从而做出更明智的决策。例如，政府可以通过分析社交媒体上的舆情数据，了解民众对政策的反应和需求，从而调整政策方向。企业则可以通过分析市场数据，预测未来的市场趋势和竞争格局，从而制定更有效的战略。

然而，大数据在热度制造中的应用也面临着道德和法律的挑战。为此，我们要注意下面两方面的问题。

（1）我们在利用大数据的同时，必须确保尊重用户的隐私权和数据安全。这意味着我们需要在数据收集、分析和使用的过程中，遵循透明、公正和责任的原则。

（2）我们还需要警惕那些试图通过操纵数据来制造虚假热度的行为。虚假热度可能会在短期内吸引眼球，但从长远看，它损害的是公众的信任和平台的公信力。因此，我们需要建立一套完善的机制，监控和打击这种不正当的竞争行为。

在当下不断变化的数字世界中，大数据将继续扮演着越来越重要的角色。它不仅能够帮助我们制造热度，还能够让我们更好地理解热度背后的逻辑。所以，无论你是内容创作者、品牌营销者，还是普通的网民，大数据都是你不可或缺的伙伴。

1.5 案例分析 成功运用热度思维的实例

案例一 星巴克的“猫爪杯”热潮

2019 年，星巴克推出了一款名为“猫爪杯”的限量版玻璃杯。说起玻璃杯，似乎没有什么可炫耀的，但星巴克这款杯子却是设计独特，内部形状类似一个猫爪，当饮料注入杯中时，见证奇迹的时刻就到来了——猫爪的形状就会在杯中显现出来，活灵活现，非常可爱。这一创意产品迅速在社交媒体上走红，成为人们热议的话题。

星巴克成功了，人们很想知道其成功的窍门。我们从其独特的产品设计不难发现，其成功就在于运用了热度思维。具体来说，包括以下几个重要因素。

（1）**精准定位目标消费群体是星巴克成功运用热度思维的关键之一。**星巴克深知自己的目标消费群体不仅仅是咖啡爱好者，更是追求生活品质和独特体验的年轻一代。因此，针对这一群体的喜好和需求，星巴克才推出了独具匠心的“猫爪杯”。这款杯子萌趣十足的设计正好迎合了年轻人对于可爱、个性化产品的追求，这种运用热度思维的创意，直接激发了消费者的购买欲望。

（2）**限量发售的策略也是星巴克成功运用热度思维的重要手段。**通过限量发售，星巴克成功地制造了产品的稀缺感，激发了消费者的抢购热情。当猫爪杯在星巴克的官方网站和门店推出时，就被抢购一空。甚至在二手市场上，这款杯子的价格也一度飙升，成为一种收藏品。这种限量发售的策略不仅提升了产品的附加值，还进一步提高了猫爪杯的知名度和影响力。

（3）**社交媒体营销是星巴克成功运用热度思维的另一个重要方面。**通过在社交媒体平台上发布猫爪杯的相关内容，如宣传照片、短视频等，星巴克成功地利用网络效应，将这款产品的热度推向高潮。在 Instagram（照片墙）和微博等平台上，星巴克的粉丝纷纷晒出自己购买的猫爪杯，分享使用心得和感受。这种自发的分享成为星巴克最好的广告，进一步扩大了猫爪杯的影响力和知名度。

（4）**话题性内容的创造也是星巴克运用热度思维的重要组成部分。**

通过制造与猫爪杯相关的话题和活动，星巴克成功地引发了广泛的讨论和参与。例如，在社交媒体上开展的“猫爪杯摄影大赛”，鼓励粉丝拍摄并分享自己与猫爪杯的有趣瞬间。这种话题性内容的创造不仅增加了消费者与品牌方的互动，还进一步提升了猫爪杯的热度。

（5）赋予产品更深的意义也是星巴克成功运用热度思维的一个重要手段。通过讲述猫爪杯背后的故事，比如设计师的灵感来源和星巴克对动物友好的承诺等，星巴克赋予了这款产品更深的文化和情感价值。这不仅让消费者对猫爪杯产生了更强烈的情感共鸣，还进一步提升了产品的附加值和品牌形象。

案例二 宜家“毕利书柜”的创意改造

宜家，这个来自瑞典的家居品牌，以其简约、实用的设计和亲民的价格享誉全球。不仅如此，宜家家居用品吸引顾客之处，还在于其独特的创意改造。比如，宜家的一款经典产品——“毕利书柜”，就在其看似平凡的外观下隐藏着无限的创意可能。近年来，这款书柜在社交媒体上掀起了一场创意改造的热潮，成为人们 DIY（自己动手做）的热门选择。

从“毕利书柜”的成功，可以看到热度思维的灵活应用，归纳起来有以下几点。

（1）“用户参与”理念，让产品与用户的个人情感深度融合。宜家的产品设计初衷便是让每个人都能轻松打造自己的梦想家居。这种“用户参与”的理念，使得宜家的产品不仅仅是冷冰冰的家具，更是一种表达个人风格和创意的方式。毕利书柜作为宜家的经典产品之一，其简单、易于组装的特性为用户提供了充足的发挥空间。许多用户在购买毕利书柜后，会根据自己的喜好对其进行重新设计和装饰，从而打造出独一无二的个性书柜。

（2）激发用户创造力和 DIY 精神。为了进一步激发用户的创意，宜家在社交媒体上发起过一项挑战——“毕利书柜大改造”。这项挑战鼓励用户分享他们如何将毕利书柜从平凡变非凡的照片和故事。这个活动迅速在社交媒体上走红，吸引了大批用户的积极参与。他们纷纷晒出自己的作品，展示自己的创意和巧思。这些改造作品从简单的颜色变化到复杂的结构改造，不仅展示了毕利书柜的多功能性，更让人们惊叹于用户的创造力和 DIY 精神。

（3）UGC（User Generated Content，用户生成内容）成为宜家宣传的重要武器。用户分享的改造照片和故事，为宜家带来了巨大的曝光量。这些内容在社交媒体上被大量转发和点赞，成为人们茶余饭后的热门话题。通过用户生成内容的传播，宜家成功地展示了其产品的灵活性和创意性，进一步提升了品牌知名度和影响力。

（4）**宜家还通过社区建设来增强用户的归属感和参与感。**在“毕利书柜大改造”的活动中，宜家建立了一个以“毕利书柜”为主题的论坛，用户可以在这里分享经验、交流想法，形成了一种品牌忠诚度。这种论坛的建立不仅增强了用户之间的联系，也加深了用户对宜家品牌的认同感。在这个论坛中，用户们互相学习、互相启发，不断推动着毕利书柜改造的热潮。

（5）**持续的创新保持新鲜感。**为了持续吸引用户的关注和参与，宜家不断推出毕利书柜的新版本。这些新版本在颜色、材质和尺寸上都有所创新，以满足不同用户的需求。这种持续的创新使得毕利书柜始终保持着新鲜感，吸引着新的用户参与到改造活动中来。同时，宜家还通过举办线下活动、推出配套的装饰品等方式，不断丰富着毕利书柜的周边产品，为用户提供更多个性化的选择。

第二章

内容创新与话题策划

DETONATE

2.1 内容为王：优质内容的创作技巧

我们每天都在被无数的内容“轰炸”，从微博热搜到朋友圈的分享，从短视频到直播带货，内容无处不在。但是，真正能够吸引眼球、引发共鸣，甚至产生“病毒式”传播的，总是那些独具匠心的优质内容。那么，如何在这场“内容”的狂欢中，创作出能够脱颖而出的作品呢？

一、找准定位，明确目标受众

在创作内容之前，有一项重要的工作要做，那就是首先要明确自己的定位和目标受众。不同的受众群体有着不同的兴趣爱好和需求，只有深入了解目标受众，才能创作出更符合他们口味的内容。例如，如果你是一位美食博主，你的目标受众是热爱烹饪的人群，那么你可以针对烹饪技巧、食材选择等方面进行创作。你可以通过调查问卷、社交媒体互动等方式，了解你的受众喜欢什么样的食谱，对哪些食材感兴趣，烹饪时遇到了哪些问题。这样，你的内容就能更加精准地满足他们的需求，从而形成忠实的粉丝群体。

二、把握网感，紧跟网络文化

当然，内容创作不是闭门造车，它是一场与粉丝的互动游戏。你的内容要能够触动人心，引发共鸣，甚至是激发行动。这就需要你具备“网感”，也就是对网络文化的敏感度和理解力。比如，你可以通过观察最新的网络流行语、梗，甚至是表情包，来把握网民的情绪和兴趣点。比如，当“我太难了”成为流行语时，你可以通过创作相关的搞笑视频或者图文，来吸引那些正在寻找共鸣的网友。同时，你也可以通过参与热门话题的讨论，或者制作与热门事件相关的内容，来提升自己的曝光度和影响力。

三、追求原创性和新颖性，提供独特的视角

内容的原创性和新颖性是吸引大众注意力的关键。在这个“创意为王”的时代，大众对新鲜事物的渴望是无止境的。你可以尝试从不同的角度解读热门话题，或者将看似不相关的元素进行混搭，创造出全新的内容形式。比如，当大家都在讨论环保时，你可以尝试将环保理念融入美食制作中，创作出一系列“绿色食谱”，既传递了环保信息，又满足了大众的好奇心。这种跨界的创新不仅能够吸引观众的注意力，还能够为你的内容创作提供无限的可能性。

四、内容要有价值

优质的内容不仅仅要好看、有趣，更要有价值。这个价值可以是对用户有用的信息，可以是能够引发用户思考的观点，也可以是能够让用户感到愉悦的情感体验。总之，有价值的内容才能吸引用户的关注和留存。例如，你可以分享一些实用的生活小技巧，这些技巧不仅可以帮助用户解决问题，还能让他们感受到你的用心和关怀。这种实用主义的内容，往往能够获得用户的长期关注和口碑传播。

五、注入故事性，触动人心

在所有的文字和话语中，故事以其跌宕起伏的曲折情节，成为最吸引人的一种形式。故事性是优质内容的灵魂。人们天生喜欢听故事，一个好的故事能够跨越文化和语言的障碍，触动人心。在创作内容时，不妨尝试将你的信息包装成一个吸引人的故事。比如，你可以讲述一个普通人如何通过自己的努力实现梦想的故事，这样的内容不仅能够激励人心，还能够让观众在情感上产生共鸣。通过故事化的表达，你的内容将更加生动和富有感染力，从而更容易被观众记住和传播。

六、增加互动性，让观众参与其中

互动性也是现代内容创作中不可忽视的一部分。你可以通过设置问题、发起投票、鼓励评论等方式，让粉丝参与到内容的创作和传播中来。这样不仅能够增加内容的趣味性，还能够通过粉丝的参与，让内容得到更广泛的传播。比如，你可以在社交媒体上发起一个“你最喜欢的旅行目的地”的投票，让粉丝分享他们的旅行故事，这样既增加了内容的互动性，又能够吸引更多的人参与。通过这种参与感，粉丝会感到与你更加亲近，增加了投入感，从而更愿意成为你内容的传播者。

七、考虑内容的可分享性，让它在网络中自由传播

内容易被分享，这也是创作内容需要考虑的问题。易于分享的内容，往往更能够在网络上快速传播。你可以通过使用引人入胜的标题，制作精美的图片，或者制作易于分享的短视频，来提高内容的传播率。同时，内容的结构和格式也应该便于分享，比如使用列表、问答、步骤说明等形式，让大众一眼就能抓住重点，快速分享给他们的朋友。

八、培养写作习惯

要想创作出优质的内容，首先要有良好的写作习惯。要坚持每天写作，最好形成习惯，这样才能不断锤炼并提高自己的语言和表达能力。同时，还要注重写作的规范和技巧，如标点符号的正确使用、段落的合理划分等。这些细节问题不仅可以让你的内容更加规范和专业，还可以提升用户的阅读体验和信任度。例如，你可以制定一个每天的写作计划，坚持每天写一篇文章或者日记，逐渐培养自己的写作习惯和表达能力。通过不断的练习

和反思，你的写作技巧将得到显著提升，从而为你的内容创作打下坚实的基础。

当然，这些技巧并不是一蹴而就的，需要通过不断的实践和学习进行积累和提升。内容创作者就像在浩瀚的网络海洋中航行的舵手，需要不断调整航向，才能抵达大众的心灵港湾。记住，每一次点击、每一次分享、每一次讨论，都是你内容创作旅程中的宝贵财富。

2.2 话题策划的艺术性与科学性

在快节奏的数字时代，很多人都在琢磨，如何将话题策划做得生动活泼，悦人耳目。就像是精心策划一场派对，邀请了无数的网络宾客，而你，就是那位幕后的派对策划师。你的目标是让这场派对成为话题的中心，让每个人都在谈论你的派对。那么，如何做到这一点呢？这就需要我们探讨话题策划的艺术与科学。

一、话题策划的艺术性

艺术性在这里意味着创意和情感的投入。就像一位艺术家在画布上挥洒色彩，话题策划者需要在社交媒体的舞台上创造出引人入胜的故事。这不仅仅是关于内容的创造，更是关于情感的交流。一个能够触动人心的话题，就像是一首流行歌曲，能够在听众心中引起共鸣。

假设你策划了一场名为“我的绿色生活挑战”的活动，这个挑战旨在鼓励人们分享他们如何通过日常小行动来保护环境。这个活动不仅仅是关于环保，它还触动了人们对于美好生活的向往，以及对于改变世界的小愿望。这种情感的投入，让这个话题不仅仅是一个挑战，而且成了一种生活方式的宣言。

针对话题策划的艺术性，我们需要注意下面两点。

（1）**创意是话题策划的核心要素之一。**一个好的话题应该具有新颖性和独特性，能够吸引人们的注意力并激发他们的兴趣。因此，你需要不断挖掘新的创意点，从不同的角度和层面去呈现话题。同时，还要注意话题的时效性和热点关联性，及时捕捉当下热门话题并融入你的创意中，让话题更具传播价值。

（2）**情感共鸣也是话题策划的关键要素之一。**一个能够触动人心的话题更容易引发人们的情感共鸣，从而产生更广泛的影响力。因此，在策划话题时，你需要发掘人们的需求、关注点和情感痛点，从他们的角度出发，寻找与他们产生情感共鸣的话题。这样的话题不仅能够吸引更多人的关注和参与，还能够让人们在参与的过程中产生更强烈的归属感和认同感。

二、话题策划的科学性

科学性在这里意味着策略和数据的运用。这就像是一位科学家在实验室中反复进行实验以获取准确的数据提出理论，你需要通过数据分析来预测哪些话题能够引起最大的反响。通过研究用户行为、热门趋势和关键词，你可以更准确地把握哪些话题能够成为“爆款”。

比如，注意到“健身挑战”在社交媒体上越来越火，你决定推出一个全新的挑战——“30天健身计划”，并邀请健身博主和名人参与，通过他们的社交媒体影响力，将这个挑战推向新的高度。这样的策略，结合了数据分析和名人效应，让话题迅速升温。

艺术性与科学性并不是孤立的，它们需要相互结合。一个成功的热点话题，既要有创意的火花，又要有科学的支撑。就像一部精彩的电影，既要有吸引人的故事情节（艺术性），又要有合理的剧情脉络（科学性）。

在制造热度的过程中，我们还需要记住一点——真实性。在当下充斥着营销和广告的世界里，真实的话题更能打动人心。就像那些真实的用户评价，它们可能不如精心策划的广告来得华丽，但它们的真实性却能赢得消费者的信任。因此，在策划话题时，我们需要确保真实性和可信度，避免虚假信息和夸大其词的宣传。只有真实的话题才能赢得人们的信任和关注，从而产生更广泛的影响力。

掌握了话题策划的艺术性与科学性之后，我们还需要关注一些细节，这些细节往往能够决定一个话题的成败。具体如下。

（1）话题的命名。一个好的话题命名应该简洁明了，易于记忆，并且能够准确地传达话题的主题。例如，“我的绿色生活挑战”这个命名就很好地体现了活动的主题是“环保”，并且鼓励人们积极参与挑战。同时，命名中还可以巧妙地运用一些修辞手法，如比喻、拟人等，来增强话题的吸引力和传播力。

（2）**话题的推广渠道**。在数字时代，社交媒体是话题推广的主要渠道之一。但是，不同的社交媒体平台有着不同的用户群体和传播特点。因此，在推广话题时，我们需要根据目标受众的特点选择合适的社交媒体平台，并制定相应的推广策略。例如，针对年轻人的话题可以选择在抖音、微博等平台上推广，而针对商务人士的话题则可以选择在知乎、微信等平台上推广。

（3）**不能忽视“可扩展性”**。一个话题的潜力在于它能否不断地扩展和深化。这意味着话题策划者需要有前瞻性，能够预见话题的发展方向，并在策划中留有足够的空间。比如，“旅行的意义”这个话题，可以随着时间的推移，扩展到“旅行中的文化碰撞”“旅行与自我发现”等多个子话题，让话题的生命力得到延续。

（4）**对话题的效果进行持续的监测和评估**。这可以通过数据分析工具来实现，如社交媒体分析工具、网站分析工具等。通过监测和评估，我们可以及时了解话题的传播效果、受众反馈等信息，从而对话题进行及时的调整和优化。

除了上面的细节，我们还需要注意一些问题。比如，要保证话题的真实性和可信度，避免虚假信息和谣言的传播；要注意话题的负面影响，及时进行纠正和澄清；要尊重他人的权益和感受，避免侵犯他人的隐私和尊严。

在话题策划的艺术性与科学性之旅中，我们不仅要有创意和策略，还要有对人性的深刻理解。我们的目标不仅仅是制造热度，更是要通过话题，让人们感受到快乐，从话题中受到启发，获得情感上的共鸣。只有这样，我们才能成功地策划出一场引人入胜的话题，让每个人都在谈论你的话题。

2.3 紧跟时事热点，融入内容策略

在信息时代，每个人都是信息的接收者和传播者。想要在众多的声音中脱颖而出，制造出属于自己的热度，你需要的不仅是内容，更是策略。

我们先来聊聊什么是时事热点。所谓“时事热点”，就是那些能够引起公众广泛关注和讨论的新闻事件、社会话题或者流行趋势。它们就像是网络世界里的“网红”，自带流量和话题度。

那么，如何紧跟时事热点，融入内容策略呢？这里有几招能让你的内容策略“热”起来。

一、抓住时事热点的“黄金一小时”

在当下这个信息简直以光速传播的时代，每一个热点事件都像一颗流星划过夜空，短暂而耀眼。想要让你的内容在这短暂的光辉中留下痕迹，你需要的不仅是敏锐的嗅觉，更要有迅速果断的行动力。这就是所谓的“黄金一小时”。

当某个重大新闻突然曝出，比如一项重大科技的突破，全世界的目光都会瞬间聚焦在这件事上。此时，如果你能够迅速分析事件的背景，理解其对公众的意义，并结合自己的领域或品牌定位，快速产出相关内容，那么你就有可能在这场信息的狂欢中占据一席之地。

例如，当苹果公司发布新款 iPhone（智能手机）时，全球的科技爱好者都在等待着这一时刻。如果你是一位科技博主，你可以在发布会结束后的第一时间，迅速撰写一篇深度评测文章，分析这款 iPhone 的新功能、设计亮点以及与前代产品的差异。这既可以满足读者的好奇心，还能在众多的报道中脱颖而出，因为你提供了更深入、更专业的分析。

当然，抓住“黄金一小时”并不意味着要盲目跟风。你需要确保自己的内容是有价值的，能够为读者提供新的视角或有用的信息，这就需要你对热点事件有深入的理解和独到的见解。

二、找准角度，巧妙切入

热点事件像一个多面的钻石，从不同的角度观察，会看到不同的光彩。找准角度，巧妙切入，是让你的内容在众多同质化信息中脱颖而出的关键。

以世界杯决赛报道为例。除了比赛结果、球员表现等常规内容，你还可以从文化、历史、经济等多个角度进行解读。比如，这场比赛对于全球足球运动的影响，以及对东道国的意义。这不仅能够吸引体育迷，还能吸引那些对其他国家文化感兴趣的读者。

再比如，当某个社会问题成为热点时，如气候变化或灾害预防，你可以从个人行动、政策建议或科学研究等不同角度进行探讨。通过提供多维度的视角，你的内容将更具深度和广度，能够触及更广泛的受众。

三、用有趣的方式呈现

在快节奏的生活中，用轻松有趣的方式来呈现内容，不仅吸引人的注意力，还能给人更深的印象。

如果你在社交媒体上看到一篇关于健身的文章，它以一个有趣的互动游戏来引导你了解健身的好处和技巧，你是不是会更愿意参与并分享给其他人？

同理，你可以通过创意视频、互动游戏、趣味测验等形式，让内容更有趣。比如，当你在讨论新的科技产品时，可以制作一系列“科技产品盲测”的视频，让观众猜测产品的功能和特点，这样既能展示产品的独特之处，又能增加观看的乐趣。

四、掌握分寸，避免过度消费热点

当热点事件如同潮水般涌来，每个人都可能成为热点的传播者。但过度追求热点，尤其是那些琐碎的名人八卦，可能会让你的内容变得浅薄，甚至可能损害你的品牌形象。因此，掌握分寸，避免过度消费热点，是每个内容创作者都需要注意的问题。

以名人八卦为例，这类内容虽然能迅速吸引眼球，但如果处理不当，可能会让你的受众感到无趣。相反，如果你能提供一些有深度的分析，比如背景信息、社会影响，特别是对青少年的影响，或者分析名人如何塑造公众形象，以此来提升内容的深度和广度。这样的内容则更具价值。

例如，当一位明星的私生活成为热议话题时，你可以从心理学的角度分析这种关注背后的社会心理，或者探讨媒体对名人私生活过度曝光的现象。这样的内容不仅能够满足读者对热点的好奇心，还能引导他们进行更深层次的思考。

五、持续跟进，深度挖掘

热点事件往往不是一次性的，随着时间的推移会出现新的故事线。因此，持续跟进热点事件，深度挖掘其背后的故事，是另一种制造热度的有效策略。

例如，当一个重大政策出台时，你可以在政策发布初期提供快速解读，随后根据政策的实施情况和公众反馈，进行更深入的分析和评论。这样不仅能够保持与热点的关联性，还能展示你的专业性和对事件的持续关注。

你可以定期更新政策实施的进展，分析其对特定群体的意义，或者探讨政策可能带来的长期影响。这样，你的内容将不仅仅是对热点的即时反应，而且是对事件发展的持续关注，这将使你的内容更加丰富和有价值。

六、利用数据和研究，提升内容的权威性

数据和研究可以为你的内容增加权威性。当你讨论某个热点话题时，如果能够引用最新的研究数据或者统计信息，你的观点将更有说服力。

例如，当你讨论教育改革时，你可以引用最新的教育研究报告，展示改革措施对学生的学习成绩和未来发展的影响。这不仅能够吸引教育工作者和家长的关注，还能为政策制定者提供有价值的参考。

你可以利用教育部门发布的数据，或者教育研究机构的研究成果来支持你的观点。通过数据和研究，你的内容将更具说服力，也更能引导公众对热点话题进行理性的讨论。

总之，在制造热度的同时，我们要保持对内容的敬畏之心，促使每一篇内容都是有价值、有深度的。这样，即使热点过去，你的内容依然能够被人们记住，成为真正的“经典”。

2.4 “病毒式传播”原理

在传播学中，病毒式传播是一种模仿病毒传播机制的信息扩散方式，它依赖于用户之间的社交网络和自然分享行为。这种传播方式之所以有效，是因为它利用了人们的社交本能和分享欲望，使得信息能够在人群中迅速传播开来。

病毒式传播的核心在于内容的自我复制，它不需要传统的广告推广，而是通过用户自发的分享行为来实现。这种自我复制的现象可以通过多种机制运行，每种机制都有其特定的应用场景和效果。

一、天生的传播特性

这种传播方式依赖于产品或服务本身的吸引力。一个优秀的产品会激发用户的自然分享欲望，从而实现自我传播。微信就是利用其即时通讯功能和便捷性迅速获得用户青睐的例子。微信的语音消息、朋友圈、微信支付等功能，都是基于用户需求设计的，这些功能的实用性和创新性使得用户愿意主动推荐给亲朋好友，从而扩大了微信的用户基础。微信的成功在于它不仅仅是一个通讯工具，更是一种生活方式的体现，它深入到了用户日常生活的方方面面，使得用户自然而然地成为其传播者。

二、协同效应传播

协同效应传播强调产品在用户之间协作使用时的价值。百度云盘便是这种传播方式的一个典型例子。百度云盘提供了文件存储和分享服务，用户可以邀请他人共享文件，从而实现协作。当用户邀请更多人使用百度云盘进行文件共享时，他们自己也能获得更大的存储空间作为奖励。这种互惠互利的机制不仅增加了用户之间的互动，也促进了用户对产品的推荐行为。百度云盘通过鼓励用户邀请新用户加入的方式，扩大了其用户群体。

三、沟通效应传播

沟通效应传播是指在用户的日常沟通中，产品的名称或品牌被频繁提及，从而加深人们对品牌的记忆。腾讯会议在这一点上做得非常成功。在疫情期间，远程工作和在线会议成为常态，腾讯会议因其稳定性和易用性迅速成为市场上的热门选择。每当用户发送会议邀请时，邀请链接尾部的“腾讯会议”标签，不仅为用户提供了便利，也让品牌在用户间的沟通中被提及，增强了品牌印象。

四、激励效应传播

激励效应传播通过提供激励措施鼓励用户分享和推荐。例如，电商平台拼多多采用的“拼团”模式，用户通过分享商品链接给朋友，组成拼团购买，即可获得更低的价格。这种直接的经济激励激发了用户的分享欲望，促进了商品的传播。拼多多的“百亿补贴”等活动，也是通过激励效应吸引用户参与和分享，从而实现病毒式传播。

五、嵌入式传播

嵌入式传播将分享功能直接嵌入到产品或服务中，使用户在使用过程中自然而然地进行分享。抖音短视频平台就是嵌入式传播的典型例子。用户在抖音上录制和编辑视频后，可以一键分享到微信朋友圈或QQ空间，这种便捷的分享机制极大地促进了内容的传播。抖音上的各种挑战、话题标签和互动功能，都鼓励用户参与并分享，从而扩大了内容的传播范围。

六、社交效应传播

社交效应传播利用人们的社交网络进行信息扩散。用户在社交网络上的行为，如点赞、评论和转发，都能增加信息的可见度，从而吸引更多人的关注。微博的热门话题和热搜榜就是社交效应传播的典型应用。用户通过参与热门话题的讨论和转发，使得信息迅速传播开来。微博的“话题标签”和“转发评论”功能，使得用户可以轻松参与到信息的传播中，形成了强大的社交传播力。

七、教育效应传播

教育效应传播通过提供有价值的信息或教育内容，激发用户的学习欲望和分享意愿。知乎作为一个知识分享平台，用户通过分享专业回答或见解，不仅能够提升个人形象，还能帮助他人学习新知识。例如，知乎上的“盐选专栏”提供了丰富的专业知识内容，用户在阅读后，愿意将这些有价值的内容分享给社交网络中的其他人，从而实现教育性内容的传播。

八、娱乐效应传播

娱乐性内容因其轻松愉快的特性，很容易吸引用户的注意力和传播。例如，快手平台上的搞笑短视频和生活挑战，就经常因其娱乐性而获得用户的广泛传播。这些内容不仅为用户带来了快乐，也为创作者带来了关注和流量。娱乐效应传播的成功在于它能够迅速吸引用户的注意力，并激发用户的参与和分享欲望。

通过以上八种病毒式传播方式，我们可以看到，无论是通过产品自身的吸引力、用户之间的互动，还是通过激励措施，都能够有效地促进信息的传播。在实际应用中，我们需要根据自己的产品特性和目标受众，选择合适的传播方式，才能实现最佳的传播效果。

2.5 案例分析 成功运用内容创新引领热度的实例

案例一 可口可乐的“Share a Coke”（分享这瓶可乐）

可口可乐的“Share a Coke”营销活动是内容创新引领热度的一个经典案例。这个活动不仅改变了人们与品牌方互动的方式，也重新定义了产品营销的边界。2011 年，可口可乐决定在全球范围内推出这一活动，将传统的品牌标志从瓶身上移除，代之以一系列流行的名字。此举立即引起了消费者的广泛关注，人们开始在社交媒体上寻找与自己名字相同的可乐瓶，并与朋友和家人分享这一独特的体验。分析可口可乐的这一案例，我们可以发现内容创新引领热度的有效策略。

（1）**创造与消费者共鸣的体验**。在“Share a Coke”活动中，可口可乐个性化的瓶身设计，让消费者感受到了品牌方的关注和个性化服务，更愿意参与到品牌活动中来，从而提高了活动的参与度和传播效果。

（2）**整合社交媒体**。可口可乐鼓励消费者在 Facebook（脸书）、Twitter（推特）和 Instagram 等平台上分享他们的体验，广泛的用户基础和强大的社交网络效应，使得活动信息迅速扩散。消费者通过创建标签和话题分享，不仅增加了品牌的曝光度，还形成了一种社交现象，使“Share a Coke”成了一个热门话题，提升了活动的热度。

（3）**巧妙地利用人们对于惊喜和发现的乐趣**。在寻找自己名字的可乐瓶的过程中，消费者体验到了一种寻宝的乐趣。同时，活动还激发了消费者的创造力，许多人开始创作与“Share a Coke”相关的艺术作品，这就进一步丰富了活动的主题内容。

（4）**将内容创新与消费者参与紧密结合，创造一个互动性强、参与度高的营销环境**。这种营销策略，不仅提升了品牌认知度，还增强了品牌忠诚度，让消费者成为品牌故事的共同创作者，将一个简单的产品变成了一个具有情感价值和社交价值的体验，从而在竞争激烈的市场中保持了领先地位。

（5）**深刻理解消费者心理**。人们天生就喜欢分享和被认可，而“Share a Coke”活动恰好满足了这一需求。当消费者在社交媒体上分享他们找到的带有自己名字的可乐瓶时，他们不仅是在分享一个产品，更是在分享一种个人成就和归属感。这种情感的传递和共鸣，使活动超越了简单的营销行为，而成为一种文化现象。

（6）**使活动具有可持续性。**可口可乐并没有将“Share a Coke”作为一次性的营销活动，而是将其发展成为一个长期的品牌活动。随着时间的推移，活动不断更新，引入新的名字和设计，保持了新鲜感和吸引力。这种持续性的创新，使得“Share a Coke”成为一个不断进化的品牌故事，持续吸引着消费者的关注和参与。

（7）**使活动体现社会责任。**通过鼓励人们分享和连接，可口可乐传递了积极的社会价值观，如友谊、亲情和社区的重要性。这不仅提升了品牌形象，也为品牌方赢得了消费者的尊重和信任。

“Share a Coke”活动这一案例为其他品牌方提供了宝贵的启示，即通过创新的内容和策略，可以有效地提升品牌价值，增强消费者的认同感，并在竞争激烈的市场中实现长期发展。

案例二　红牛的“Stratos”（平流层计划）太空跳伞项目

红牛的“Stratos”太空跳伞项目是一个内容创新引领热度的杰出案例，它不仅展示了人类挑战极限的勇气，也体现了红牛品牌对于极限运动和创新精神的支持。这个项目始于 2010 年，经过两年的准备，终于在 2012 年 10 月 14 日，费利克斯 · 鲍姆加特纳从距离地面约 3.9 万米的高空跳下，创造了当时人类历史上最高的跳伞纪录。

从红牛的“Stratos”太空跳伞项目的成功，我们可以看到内容创新引领热度的几个关键。

（1）内容创新的核心在于创造独特且引人入胜的故事。 红牛通过“Stratos”项目，将极限运动与太空探索相结合，创造了一个前所未有的故事。这个项目不仅仅是一次跳伞活动，更是一个关于人类勇气和科技成就的故事，这种故事本身就具有极强的吸引力和传播潜力。

（2）社交媒体在这次活动中发挥了至关重要的作用。 红牛通过 YouTube（油管）、Facebook 和 Twitter 等平台，实时直播了整个跳伞过程，吸引了数百万观众在线观看。这种实时互动的体验，让观众感觉自己是这次历史性事件的一部分，极大地增强了观众的参与感和品牌忠诚度。红牛还通过社交媒体平台提前发布了大量幕后工作和训练过程的内容，这些内容不仅增加了项目的透明度，也让观众对即将发生的历史性时刻充满期待。

（3）与媒体合作，将这次跳伞活动打造成了一个全球性的新闻事件。 从前期的准备工作到最终的跳伞员安全着陆，这个项目在每一个阶段都得到了广泛的报道，这不仅增加了活动的曝光度，也提高了活动赞助商的知名度。红牛的这一策略有效地将一个品牌营销活动转化为一个全球关注的新闻事件，从而在不直接推销产品的情况下，提升了品牌形象和市场影响力。

（4）**将内容创新、社交媒体传播和品牌精神完美融合。**这个案例展示了如何通过创造独特的内容和利用社交媒体的力量，来提升品牌的全球影响力。红牛通过这次活动，不仅展示了其对极限运动的支持，也强化了其作为能量饮料品牌的形象——鼓励人们挑战极限，追求卓越。

“Stratos”项目是一个网络宣传的杰作，它通过内容创新引领热度，利用社交媒体的传播力将品牌信息传递给全球观众。红牛的这一策略不仅为品牌带来了短期的热度，也为品牌长期的形象建设和市场地位的巩固作出重要贡献。

第三章

社交媒体营销策略

3.1 深入了解各大社交媒体平台

随着社交媒体在人们生活中日益普及，其已成为品牌营销的重要战场。要想在这个战场上取得胜利，首先需要对各大社交媒体平台有深入的了解。下面，我们就来一起探讨几个主要的社交媒体平台，分析它们的特性，以及如何根据品牌的特点选择合适的平台。

一、小红书：精致生活的分享平台

小红书是一个以内容分享为主的社交平台，其核心用户是追求高品质生活的年轻人。这里的内容覆盖了时尚、美妆、旅游、美食等多个领域，用户通过发布笔记来分享自己的生活体验和心得。

品牌方在小红书的营销策略，重点在于创造有价值的内容，与目标用户建立情感连接。例如，美妆品牌可以通过发布化妆技巧和新品试用笔记来吸引粉丝，时尚品牌可以分享搭配指南和潮流趋势。同时，小红书的推荐算法使其成为口碑传播的重要平台，优质内容有机会获得大量曝光。

二、抖音：短视频的魔力

抖音是近年来最火的短视频平台之一，凭借其简洁的设计和强大的算法，迅速占领了大量用户的时间。在抖音上，用户可以创作和分享 15 秒到 1 分钟的短视频，内容涵盖了才艺表演、生活点滴、搞笑段子等。

品牌方在抖音的营销，需要充分利用短视频的形式，创作有趣、有活力的内容。例如，服装品牌可以发布创意搭配视频，餐饮品牌可以播放美食制作过程。

三、微信朋友圈：社交的私密空间

微信朋友圈是微信上的一个核心功能，为用户提供了一个分享生活点滴、观点和链接的平台。朋友圈的用户群体广泛，在这里，人们可以发布文字、图片和视频，并且能够看到朋友们的点赞和评论。

对于品牌方而言，微信朋友圈是一个建立品牌形象、与用户互动的重要场所。例如，品牌方可以发布有趣、有活力的朋友圈广告，通过创意内容和互动活动吸引用户参与。此外，通过微信广告投放系统，品牌方还可以精准定位目标用户，提高广告的转化率。

四、微博：大事件的集结地

微博是一个开放性的社交媒体平台，用户可以发布文字、图片和视频，关注自己感兴趣的人或话题。由于其信息传播速度快、覆盖面广，微博经常成为热点事件的首发地和大讨论场。

品牌方在微博的营销策略，需要紧跟时事热点，通过创意话题和活动吸引用户参与。例如，在重大节日或赛事期间，品牌方可以发起相关的话题挑战和互动活动，增强用户参与感。同时，微博的明星效应也是不可忽视的，与知名人士的合作能够快速提升品牌的曝光度。

五、B 站：年轻人的文化聚集地

B 站（Bilibili）是一家以二次元文化和弹幕评论著称的视频分享网站。在这里，用户可以观看动画、游戏、音乐、舞蹈等各种类型的视频，同时与其他观众实时互动。B 站的用户群体以年轻人为主，他们活跃，有创意，愿意为优质内容付费。

品牌方在 B 站的营销策略上，需要融入二次元文化元素，创造有趣、有话题性的内容。例如，品牌方可以与知名 UP 主（上传者）合作制作创意广告视频，或者举办线上活动邀请粉丝参与。同时，B 站的弹幕评论功能为企业提供了直接与目标用户沟通的机会。

六、知乎：知识分享与问答社区

知乎是一个以知识分享和问答互动为主的社区平台。在这里，用户可以提出问题或发表观点，其他用户则通过回答和评论进行互动。知乎的用户群体以高学历、高收入和高认知水平的白领为主。

品牌方在知乎的营销策略，需要注重专业性和权威性。例如，品牌方可以在知乎上开设官方账号，发布与品牌相关的专业知识文章或回答用户问题。同时，知乎的推荐算法和优质内容筛选机制也为品牌提供了获取高曝光度的机会。

七、豆瓣：文艺青年的聚集地

豆瓣是一个以文化艺术为主的社交媒体平台，用户可以在上面讨论书籍、电影、音乐等文化艺术话题。豆瓣的用户群体以年轻人为主，他们具有一定的文化素养和审美水平。品牌方可以在豆瓣上发布自己的文化活动信息，发起话题讨论，与目标用户进行互动交流，通过与豆瓣上的文艺青年互动，增加品牌的知名度和影响力，提高销售量。

豆瓣是具有较高人气的电影评分网站之一，在豆瓣上评分最高的电影往往是经典之作，也是备受瞩目的电影。对于电影宣发人员来说，在豆瓣上进行宣传是必不可少的。豆瓣小组具有很强的聚合力，通过豆瓣小组发起观影活动，能够吸引更多的人参与其中，从而扩大电影的宣传效果。

八、今日头条：新闻资讯的引领者

今日头条是一个新闻资讯类社交媒体平台，致力于为用户提供最新的新闻报道、热点话题和有价值的信息。通过个性化推荐算法，今日头条能够根据用户的兴趣和偏好，推送相关领域的新闻和内容。

品牌方在今日头条上可以进行新闻稿发布、热点话题参与、品牌形象展示等活动。通过与头条号的合作，品牌方可以获得更多的曝光和关注度。同时，利用今日头条的推荐算法和数据分析工具，品牌方还可以更好地了解用户需求，优化营销策略，提高营销效果。

通过对各大社交媒体平台的深入了解，我们可以发现每个平台都有其独特的用户群体和内容形式。品牌方要想在社交媒体上取得成功，首先需要明确自己的定位和目标受众，然后根据平台的特点选择合适的营销策略。在这个过程中，创造有价值的内容、与目标用户建立情感连接，充分利用平台的广告投放系统和数据反馈功能。最后，不断调整和优化营销策略，紧跟时事热点和用户需求变化，才能让品牌在社交媒体上持续发光发热。

3.2 制定社交媒体营销策略并实施

作为数字时代的一扇魔法大门，社交媒体为我们打开了一个充满无限可能的奇丽世界。这里不仅是人们相互交流、分享生活点滴的社交场所，更是品牌方与消费者之间沟通互动的黄金桥梁。在这里，品牌方的声音可以超越时空的限制，触及每一个角落、每一个心灵。社交媒体的每一次更新、每一次互动，都是品牌故事的延续，每一次点赞、每一次转发，都是品牌影响力的扩展。这是一个充满机遇的平台，品牌方可以通过精心设计的活动、富有创意的内容和深入人心的故事，与用户建立起真实的联系，让品牌在用户的心中生根发芽。社交媒体营销有一些共性的策略可以参考。具体如下。

一、“微”内容策略：小而美的力量

在社交媒体的海洋中，信息如同潮水般汹涌，用户的目光常常在海量的信息中迅速转移。在这样的背景下，品牌方需要学会在信息海洋中投放一枚枚小巧而精致的“信息漂流瓶”。这些“微”内容，如同精心设计的微型艺术品，它们简洁、醒目，能在第一时间吸引用户的注意。比如，一张精心拍摄的产品图片，配上一段简短而富有创意的文案，就能在用户的屏幕上留下深刻的印象。短视频则以其生动性和故事性，迅速传递信息，引发用户的好奇心和探索欲。通过这些“微”内容，品牌方能够在短时间内与用户建立联系，激发这些目标人群的兴趣，甚至引导他们采取行动，如点击链接、分享内容或直接购买产品。

二、即时互动：实时响应的艺术

在社交媒体的世界里，用户期待的是即时的反馈和互动。品牌方应该像一个热情好客的主人，随时准备迎接每一位访客。通过直播问答，品牌方可以直接与用户对话，解答他们的疑问，分享最新的产品信息，甚至进行实时的促销活动。这种即时的互动不仅能够提升用户的参与度，还能在用户心中树立品牌积极、开放的形象。快速回复用户的评论，无论这些评论是赞美还是批评，都能让用户感受到品牌方的关注和重视，从而增强他们对品牌的忠诚度。

三、情感：共鸣的力量

情感是人类最强大的联系纽带之一，而在社交媒体上，情感的传递尤为迅速和强烈。品牌方需要讲述那些能够触动人心的故事，无论是品牌的起源、产品的制作过程，还是用户的真实体验。这些故事能够唤起用户的情感共鸣，让他们在情感上与品牌建立联系。当用户感到自己与品牌有情感上的连接时，他们更有可能成为品牌的忠实粉丝，甚至成为品牌的自发传播者。

四、个性化体验：定制的魅力

在社交媒体上，用户渴望的是独一无二的体验。品牌方可以通过数据分析，深入了解用户的兴趣、喜好和行为模式，然后为他们提供个性化的内容和服务。比如，根据用户的购买历史推荐相关产品，或者根据用户的喜好定制个性化的营销信息。这种个性化的体验让用户感受到品牌方对他们的了解和尊重，从而提升他们对品牌的满意度和忠诚度。

五、跨界合作：创新的火花

跨界合作是品牌创新的重要途径。品牌方可以与艺术家、音乐家，或者其他行业的品牌进行合作，共同创造出独特的社交媒体内容。这种跨界合作不仅能为品牌方带来新的视角和创意，还能吸引不同领域的粉丝，扩大品牌的受众范围。同时，这种合作也能为品牌方带来新的灵感，激发出更多创新的营销策略。

六、数据驱动决策：智能的决策

社交媒体平台提供了丰富的用户数据，这些数据是品牌方制定营销策略的宝贵资源。品牌方需要学会如何利用这些数据来指导决策。通过分析用户的行为数据，品牌方可以了解哪些内容最受欢迎，哪些时间段发布效果最好，从而调整内容策略。此外，数据还可以帮助品牌方预测市场趋势，提前做好准备，确保自身始终能够抓住市场机遇。

七、社群运营：粉丝的力量

社群运营是品牌方与粉丝之间建立深层联系的纽带，它不仅仅是一个交流的平台，更是品牌文化和价值观的传播中心。通过精心策划的社群活动，品牌方可以激发粉丝的参与热情，让他们成为品牌的忠实拥护者和自发的传播者。在社群中，粉丝可以分享自己的使用体验，提出宝贵的建议，甚至参与到产品的设计和改进过程中。这种参与感和归属感，会极大地增强粉丝对品牌的忠诚度。同时，社群中的积极互动还能为品牌方提供宝贵的用户反馈，帮助品牌方更好地了解市场需求，优化产品和服务。通过社群运营，品牌方能够构建起一个充满活力和创造力的社区，这个社区将成为品牌最强大的支持力量，推动品牌在社交媒体的舞台上大放异彩。

八、持续创新：适应变化的能力

社交媒体所营造的生态环境总在不断变化，品牌方需要不断尝试新的内容形式和营销手段。无论是尝试新的社交媒体平台，还是探索新的互动方式，持续的创新都是品牌方在社交媒体上保持竞争力的关键。品牌方应该保持敏锐的嗅觉，紧跟社交媒体的最新趋势，不断尝试和优化自己的营销策略，以适应不断变化的市场环境。

在这个瞬息万变的社交媒体世界里，品牌方需要不断地提升应变能力，以适应动态变化的用户需求和市场环境。每一次策略的调整，每一次内容的创新，都是品牌方在这场游戏中的布局策略。品牌方需要保持敏锐的洞察力，紧跟潮流，同时也要坚守初心，传递品牌的核心价值。

3.3 与网红、大 V 合作扩大影响力

如何让自己的品牌或产品在众多竞争者中脱颖而出？办法之一就是与网络红人（简称“网红”）、大 V（粉丝量为 50 万以上的微博用户）合作。网红或大 V 们拥有广大的粉丝群体和巨大的影响力，与他们合作，就像搭上了一辆快速列车，能迅速把品牌带到大众面前。那么，如何才能与网红、大 V 合作，扩大影响力呢？我们不妨从以下几方面入手。

一、定位精准：找到你的“网红搭档”

首先，你需要明确自己的品牌定位，了解目标受众是谁，然后根据受众的兴趣和喜好，筛选出与之匹配的网红或大 V。这个筛选过程需要细致的市场调研和粉丝画像分析。比如，如果你的品牌主打年轻、时尚、潮流，那么你应该寻找在时尚领域有影响力的网红；如果你的品牌专注于美食，则可以考虑与知名美食博主进行合作。通过精准的定位，能够确保你的品

牌与网红的形象和价值观相契合，从而提高合作的成功率。

在精准定位的过程中，品牌方需要深入研究市场趋势，分析竞争对手的策略，以及目标受众的行为模式。这涉及对社交媒体平台使用者的深入分析，包括但不限于用户的年龄、性别、地理位置、兴趣爱好等。此外，还需要考虑网红或大V的受众是否与品牌的目标市场相匹配，他们的受众是否具有购买力，以及他们的影响力是否能够转化为实际的销售业绩。

二、创意先行：打造独特的合作内容

合作的内容是吸引粉丝的关键。品牌方需要与网红或大V共同策划，创造出既有趣味性又能展示产品特点的内容。这需要充分发挥创意，结合网红的个人风格和品牌特点，打造出独特的内容。例如，可以设计一场直播试穿活动，让网红展示你的产品；或者制作一系列与产品相关的挑战视频，通过互动让网红在参与中自然地展示你的产品。同时，也要注重内容的品质和价值，确保它能够吸引粉丝的注意力并保持持续关注。

在创意策划阶段，品牌方和网红或大V需要密切合作，共同构思内容的创意点。这包括故事化的营销策略，将产品融入一个引人入胜的故事中。内容的创意不仅要新颖，还要与品牌形象和价值观相一致，这样才能在粉丝心中留下深刻的印象。

三、互动升级：让粉丝成为传播者

与网红、大V合作的目的是扩大品牌的影响力，而不仅仅是单方面的宣传。因此，让粉丝参与进来，成为传播者是非常重要的。品牌方可以设计一些互动性强的活动，比如粉丝投票决定网红的穿搭，或者参与话题讨论赢取产品折扣码。这样不仅能增加粉丝的参与感，还能通过他们的分享进一步扩大品牌的传播力。同时，及时回复粉丝的评论和私信，关注他们的反馈和需求，也有助于提升互动效果。

在提升互动性方面，品牌方可以利用社交媒体平台的各种功能，如投票、问答、挑战等，来激发粉丝的参与热情。此外，还可以通过设置奖励机制，如优惠券、限量版产品或独家体验，激励粉丝参与并分享内容。这种参与感和归属感的建立，能够极大地促进品牌的口碑传播。

四、长期规划：建立稳定的合作关系

一次性的合作可能带来短期的热度，但想要持续吸引关注，就需要建立长期的合作关系。品牌方可以与网红或大V签订长期合作协议，定期推出合作内容，让品牌在粉丝心中留下深刻的印象。这样的合作关系不仅有助于稳定品牌的曝光度，还能促进双方共同成长。在长期合作中，双方可以根据市场变化和品牌发展调整合作策略，不断优化和创新内容。

在长期规划中，品牌方需要与网红或大V建立互信，确保双方的利益都能得到保障。这涉及对合作成果的定期评估，以及对未来合作方向的共同规划。长期合作还意味着双方需要在内容创作、品牌推广等方面进行持续的创新，以保持品牌的新鲜感和吸引力。

五、数据分析：优化合作效果

为了确保合作效果的最优化，数据分析是必不可少的环节。品牌方需要对合作内容、互动数据、销售数据等进行全面分析，了解哪些内容更受欢迎、哪些活动参与度高。通过数据分析，你可以调整合作策略、优化内容，让每一次合作都能带来最大的效益。同时，与网红、大V一起分享数据分析结果，共同探讨优化方案，能够提高合作的协同效应。

在数据分析方面，品牌方需要建立一套完善的数据监控系统，实时跟踪合作内容的表现。这包括但不限于观看次数、点赞数、评论数、分享数等关键指标。通过对这些数据的深入分析，品牌方可以识别出哪些内容类型、发布时间、互动方式等对粉丝的吸引力最大，从而在未来的合作中进行针对性的优化。

六、风险管理：预防潜在问题

在与网红、大V合作的过程中，可能会遇到一些意想不到的问题，比如内容的版权问题、合作方的不当言论等。因此，品牌方需要在合同中明确双方的责任和义务，同时也要做好风险预警和应对措施，对可能出现的风险问题，提前进行沟通并协商解决。此外，注意保护自己的品牌形象和口碑也是风险管理的重要一环。品牌方在与网红、大V的合作中要保持谨慎和理智的态度，避免因一时的热度而忽视了长远的品牌形象建设。

在风险管理方面，品牌方需要制定详细的合作条款，明确合作的范围、期限、内容创作的权利和责任等。同时，还需建立一个风险评估机制，对潜在的风险进行识别、评估和应对。这可能包括对网红或大V的历史行为进行审查，确保他们的形象和言论不会对品牌造成负面影响。

与网红、大V的合作是一次精心策划的营销战役，是一个双向奔赴的过程，需要双方的共同努力和投入，才能实现共赢的结果。

3.4 社群运营与粉丝互动新思路

当今时代，社交媒体飞速发展，信息传播更加便捷而广泛，社群运营和粉丝互动已经从单纯的营销手段，转变为品牌方与消费者之间建立情感联系的桥梁。你是否好奇，那些在社交媒体上运营得风生水起的品牌方是如何吸引并维系大量粉丝的？下面，就让我们一起深入探讨社群运营与粉丝互动的新策略。

一、社群运营：打造有温度的社群

社群运营的核心在于构建一个充满温度的交流空间，让用户在这里找到归属感和参与感。但要想实现这个目标，不是一蹴而就的事情，还需要我们进行一系列的努力，特别是我们需要从以下几个方面着手。

（一）确定社群的定位和主题

在创建社群之初，要明确其定位和主题，这是至关重要的。这不仅有助于吸引目标用户，还能提升社群的活跃度和参与度。例如，如果你是一个专注于健康生活的博主，你可以结合相关问题，创建一个健康生活方式的社群，吸引那些追求健康生活的用户加入其中。在进行这项工作过程中，我们还要关注以下问题。

（1）**社群定位**：选择一个与你的品牌核心价值紧密相连的主题，并围绕你希望向用户传授的专业知识来创建社群，这样能够有效地吸引对这一主题或专业知识感兴趣的用户群体，确保社群的每一次互动都能维系那些与你的品牌价值观和专业领域有共鸣的用户。

（2）**主题选择**：社群的主题应该具有吸引力和独特性，这样才能在众多社群中脱颖而出，吸引更多的用户。同时，主题的选择也应该与你的品牌定位和目标受众的兴趣点相匹配，这样才能做到有的放矢，才能确保社群的长期活力。

（二）建立信任关系

在社群运营中，建立信任关系是维系用户忠诚度的关键。只有建立起相互信任的关系，才能保证社群的长期发展。而要与用户建立起互信关系，你就需要做到以下几点。

（1）**提供有价值的内容**：内容是社群运营的基石。分享高质量的内容，如行业动态、专业知识、实用技巧等，可以为用户提供及时有效的信息，帮助用户解决问题，提升认知，从而增加用户的黏性和信任度。

（2）**积极参与互动**：如果你是社群管理员，需要主动参与社群内的互动，及时回复用户的提问和留言，让用户感受到你的关注和重视，这样才有助于增强信任感。这种互动不仅包括回答问题，还包括对用户分享的内容给予反馈和鼓励。

（3）**保证信息真实**：在社群中，用户对信息的真实性和可靠性有着极高的要求，因为谁也不愿意被虚假的信息所欺骗。作为管理员，你需要确保社群内的信息准确无误，避免误导用户，这样才能建立起用户的信任，这也是最基本的运营要求，所以一定要有一种底线意识。

（三）组织线上活动

线上活动是提高社群活跃度和参与度的有效手段。你可以通过以下方式来组织活动。

（1）**话题讨论**：定期设定热门话题，邀请用户发表观点和分享经验，这样可以促进社群内部的交流和讨论，增加用户的参与感。

（2）**分享会**：邀请行业专家或社群内的活跃用户进行知识分享，这样不仅可以提升社群的专业度，还能让用户从中获得前沿资讯，增加对社群的依赖。

（四）维护社群秩序

良好的社群秩序是社群健康发展的保障。作为管理员，你需要做到以下几点。

（1）**制定规则**：明确社群的行为规范，对于违反规则的行为要及时制止，确保社群环境的和谐，保证社群的健康发展。

（2）**引导风气**：通过自己的行为和态度，引导社群形成积极向上的氛围，鼓励用户发表建设性的意见和建议。

二、粉丝互动：让粉丝成为品牌的传播者

粉丝互动是品牌营销中不可或缺的一环。通过有效的粉丝互动，你可以让粉丝成为品牌的传播者，从而提升品牌的知名度和美誉度。以下是一些关键策略。

（一）了解粉丝的需求和喜好

深入了解粉丝的需求和喜好是进行有效互动的基础。你可以通过以下方式来了解粉丝。

（1）问卷调查：定期进行问卷调查，收集粉丝对于品牌、产品以及社群活动的意见和建议。

（2）用户反馈：鼓励用户在社群中留下反馈内容，无论是对产品的使用体验，还是对社群活动的参与感受，都是宝贵的信息来源。

（二）创造有趣、有价值的互动方式

品牌方与粉丝互动的趣味性和价值性是吸引用户参与的关键。你可以进行以下尝试。

（1）线上抽奖：通过举办线上抽奖活动，既可以增加用户的参与度，还能通过奖品设置来推广品牌或产品。

（2）话题讨论：发起与品牌相关的热门话题，邀请粉丝发表看法，这样可以增加社群的活跃度，同时也能收集到用户的真实反馈。

（三）及时回应粉丝的反馈和意见

粉丝的反馈和意见是品牌成长的重要动力。你需要注意以下几方面。

（1）**快速响应**：对于用户提出的问题和建议，要尽快给予回应，让用户感受到被重视。

（2）**采纳改进**：对于有价值的建议，要认真考虑并付诸实践，同时向用户反馈采纳情况，让用户看到自己的意见被采纳和实施。

（四）激励粉丝分享品牌信息

为了让粉丝成为品牌的传播者，你可以从以下几方面做工作。

（1）**设立奖励机制**：通过积分系统、VIP 会员等制度，激励粉丝分享品牌信息，邀请新用户加入社群。

（2）**提供专属福利**：为粉丝提供专属优惠、活动邀请等，让他们感受到作为品牌粉丝的特殊待遇。

通过这些新思路，品牌方可以更有效地与粉丝建立联系，提升粉丝的忠诚度和参与度，从而在激烈的市场竞争中脱颖而出。社群运营和粉丝互动不仅仅是营销手段，更是品牌方与用户之间情感交流的桥梁。我们要用创意和真诚，构建一个充满活力和有温度的社群环境，让品牌方与粉丝的每一次互动都成为一次难忘的体验。

3.5

案例分析 成功运用社交媒体引爆热度的实例

案 例 **喜茶**

喜茶（原名皇茶 ROYALTEA，创建于 2012 年，总部位于广东深圳。2016 年升级为注册品牌“喜茶 HEYTEA”）不仅以其独特的产品口味征服了消费者的味蕾，更在社交媒体上掀起了一股热潮，成为年轻人追逐的新宠。喜茶的成功有着多方面的原因，但最关键的一点是其对社交媒体的精准把握和创意运用。

喜茶通过社交媒体平台的深度耕耘，成功打造了与年轻消费者价值观相契合的品牌形象，这些形象通过创意内容和互动活动在社交网络上迅速传播，形成了强大的品牌影响力。我们可以从以下几方面发现喜茶经营者的功力。

一、情感营销：讲述品牌故事

喜茶深谙“内容为王”的道理。在社交媒体上，喜茶不仅仅是卖茶，更是在讲述故事，通过讲故事将消费者吸引过来。每一款新茶的推出，都伴随着一个精心设计的背景故事，或是一段温馨的回忆，或是一段浪漫的邂逅。这些故事不仅赋予了产品更多的情感价值，也让消费者在购买的同时，感受到了一种情感的共鸣。喜茶的这种“情感营销”策略，成功地在消费者心中构建了一个温馨、时尚的品牌形象，为消费者营造了一个温馨的精神家园。

例如，喜茶在推出“芝士奶盖”时，就讲述了一个关于“奶盖”如何成为茶饮新宠的故事。这个故事不仅介绍了产品的制作过程，还巧妙地将芝士奶盖与都市青年人追求生活品质的情感诉求联系起来，从而引发了消费者的共鸣。这种情感化的叙事方式，使得喜茶的产品不仅仅是一杯茶，更是一种情感的寄托和生活品质的象征。

二、互动营销：提高用户参与度

喜茶在社交媒体上的另一个成功策略是互动营销。在微信、微博等平台上，喜茶经常举办各种互动活动，比如“晒单有奖”“限时抢购”

等，这些活动不仅增加了用户的参与度，也极大地提高了品牌的曝光率。喜茶还巧妙地利用了社交媒体的“病毒式传播”效应，通过设计独特的话题标签和挑战，鼓励 UGC 创作，让喜茶的每一次新品发布都成为一场全民参与的社交盛事。

品牌方曾经推出过“喜茶打卡挑战”，鼓励消费者在不同的喜茶门店打卡，并在社交媒体上分享自己的打卡经历。这种活动不仅让消费者有了参与感，还通过用户的分享，无形中为喜茶做了免费的宣传。喜茶通过这种方式，成功地将消费者的个人体验转化为品牌的社交资产。

三、本土化营销：融入传统文化

喜茶的成功还离不开其对传统文化的深刻理解和运用。喜茶深知消费者对于传统节日和特殊日子的重视，因此，每逢春节、情人节、中秋节等重要节日，喜茶都会推出相应的限定产品和活动。这些产品往往融入了浓厚的传统文化元素，既满足了消费者的节日消费需求，也强化了品牌的文化认同感。

例如，喜茶与潮流品牌 CLOT（凝结集团）联名推出春节限定饮品和活动，以“喜悦凝结”为主题，庆祝龙年春节。合作包括两款特色饮品、限定包装和周边产品，以及线下主题店体验。主视觉设计融合了喜茶的 logo 和 CLOT 的中国龙图腾元素，采用红金色调，展现东方美学与现代潮流。喜茶全国门店还定制了装饰春联和口罩，营造节日氛围。成都宽窄巷子喜茶门店进行特别装饰，展示CLOT新春装置，结合茶饮文化与潮流元素，给到店顾客提供独特体验。限定饮品选用大红袍作茶底，搭配喜茶定制奶源，推出“轻芝沫”顶料，丰富饮品风味层次。此次联名体现了喜茶推动传统茶文化融入现代生活的愿景，与CLOT共同探索东方美学与潮流文化的结合。

喜茶在社交媒体上还经常进行文化宣传，比如通过短视频、图文等形式，向消费者介绍中国茶文化的历史和传统制茶工艺。这些内容不仅丰富了用户的知识，也提升了喜茶作为新茶饮代表的文化价值。通过这种方式，喜茶不仅在产品上与中国文化相结合，更在文化传承上作出了贡献。

四、数据驱动：优化营销策略

喜茶在社交媒体上的成功，还得益于其对数据信息的深度挖掘。喜茶通过社交媒体平台收集到大量用户数据，通过对这些数据的分析不断优化产品和营销策略。比如，通过分析用户的购买行为和喜好，喜茶能够精准地摸准消费者的脉搏，进而推出符合市场需求的新品，从而保持品牌的新鲜感和竞争力。

喜茶利用大数据分析用户在社交媒体上的互动模式，了解哪些话题和活动最能引起用户的共鸣。通过这些数据，喜茶能够及时调整其营销策略，确保每一次的营销活动都能精准触达目标消费者，提高转化率。

五、创新和迭代：保持品牌活力

在社交媒体上，喜茶始终保持着创新和迭代的精神。无论是产品创新还是营销策略，喜茶都敢于尝试新的事物，不断刷新消费者的认知。这种敢于突破的精神，使得喜茶在社交媒体上始终保持着新鲜感和活力。

例如，喜茶在推出与“潮流教父”藤原浩合作的联名产品“酷黑莓桑”时，就采用了全新的包装设计和口味组合，这种大胆的创新不仅吸引了消费者的眼球，也引发了社交媒体上的热议。喜茶通过不断的创新，成功地将自己塑造成了一个充满活力和创造力的品牌。

喜茶的成功，不仅是品牌营销的胜利，更是对新时代社交媒体营销策略的一次深刻诠释。它告诉我们，社交媒体的力量是巨大的，而如何运用这种力量，则是每个品牌方都需要思考的问题。

第四章

形象塑造与品牌传播

4.1 制定品牌定位与传播策略

一直以来，在商业活动上，品牌之间的竞争从来都不曾停止，每个品牌都像是战场上的勇士，渴望在这场混战中取得胜利，独占鳌头，成为消费者心中的“英雄”。为了实现这个目标，品牌需要有一个清晰、独特的定位，经营者要有与之匹配的传播策略。这不仅仅是为了在市场中占据一席之地，更是为了在消费者心中种下情感的种子，使品牌在消费者心目中开花结果，从而成为消费者生活中不可或缺的一部分。那么，如何达到这样的目的呢？我们需要明确以下几方面的认知。

一、品牌定位：塑造独特价值

品牌定位是品牌的灵魂，它决定了品牌在市场中的目标和位置。成功的品牌定位，需要遵循以下几个原则。

（1）差异化原则：在众多竞品中，品牌要有自己独特的卖点，要避免与对手进行同质化竞争。这种差异化可以来自产品特性、价格策略、品牌形象等多个方面。

如果所有的手机都长得一样，功能也大同小异，消费者怎么可能会记住你的品牌呢？所以，差异化是品牌定位的基石。它要求品牌在众多竞品中找到自己的特色，无论是创新的设计、独特的功能，还是与众不同的价格策略，所有这些都要让消费者一眼就能认出你。

（2）相关性原则： 品牌定位需要与目标受众的需求和价值观相关联，这样才能引起消费者的共鸣和情感联系。

品牌定位不仅仅是为了与众不同，更是为了与消费者建立情感上的联系。这意味着品牌方需要深入了解目标消费者，知道他们的需求、喜好和价值观。只有这样，品牌方才能创造出真正触动消费者心灵的产品和故事。

（3）一致性原则： 品牌定位需要长时间保持一致，这样才能在消费者心中形成稳定的品牌形象，才能赢得消费者的信赖。

品牌就像是一个故事，经历过时间的沉淀才更有魅力。一致性原则要求品牌在不同时间和场合都保持相同的形象和信息，这样才能在消费者心中建立起稳定的品牌形象。这就像是一个人的性格，如果经常改变，别人就很难记住他，就不会给人留下深刻的印象。

（4）可传达性原则： 品牌定位需要易于传达，能够被消费者快速理解和记忆。

品牌定位不仅要清晰准确，还要容易被消费者理解和记住。这意味着品牌方需要用简洁明了的语言来表达自己的定位，让消费者在第一时间就能抓住品牌的核心价值。

二、传播策略：强化品牌认知

传播策略就像品牌定位的放大器，它关乎如何将品牌的独特价值有效地传递给目标受众。有效的传播策略需要考虑以下几个方面。

（1）**媒介选择：**根据目标受众的特点选择合适的传播媒介，如传统媒体、社交媒体、线下活动等。

在信息爆炸的时代，消费者的注意力很容易被分散。因此，品牌方需要像侦探一样，精准地找到目标受众最常接触的媒介，然后在那里投放品牌的信息。这可能是电视上的广告，也可能是社交媒体上的帖子，或者是商场里的一场活动。

（2）**内容创意：**创造有吸引力和独特性的内容，以引起消费者的兴趣和情感共鸣。

内容是传播策略的核心，一切形式都要服务于内容。品牌方要创造出既有吸引力又有独特性的内容才能在海量信息中脱颖而出。这些内容可以是一则感人的广告、一段有趣的视频，或者是一个引人入胜的故事。关键是要让消费者在看到这些内容时，能够产生情感上的共鸣，从而记住品牌。

（3）**互动与反馈：**加强与消费者的互动，及时收集和处理消费者的反馈，以优化传播策略。

在社交媒体时代，品牌方与消费者之间的互动变得前所未有的紧密。品牌方需要像朋友一样，与消费者保持频繁的交流，了解他们的想法和需求。同时，品牌方还需要及时收集和处理消费者的反馈，以便不断优化传播策略，让品牌信息更加精准地抵达目标受众。

（4）**数据驱动：**运用数据分析和挖掘技术，了解消费者的行为和喜好，为制定传播策略提供依据。

数据是现代营销的照明灯。品牌方需要通过数据分析，了解消费者的行为模式、喜好和购买习惯，从而以此为依据制定传播策略。这就像在黑暗中找到了一盏明灯，指引品牌走向正确的方向。

三、与时俱进：定位与策略的动态调整

市场环境和消费者的需求是不断变化的，因此品牌定位和传播策略也需要根据实际情况进行动态调整。这种变动可能是对市场变化的适应，也可能是对品牌自身发展的战略调整。关键是要保持对市场和消费者的敏感度，及时调整和优化定位与策略。

品牌定位和传播策略的制定，需要综合考虑多个因素，遵循一定的原则，并灵活应对市场变化。通过精准的定位和有效的传播策略，品牌能够在激烈的市场竞争中脱颖而出，形成持久的竞争优势。

在当下快速变化的商业世界中，品牌方要不断地学习、适应和创新。只有那些能够紧跟时代步伐，不断调整和优化自己定位与传播策略的品牌，才能在这场没有硝烟的战争中取得最后的胜利。

4.2 用故事营销策略塑造品牌形象

故事营销，作为一种深植于人类文化传承中的策略，以其独特的情感共鸣和认知影响力，成了品牌塑造自身形象的有效途径。通过讲述引人入胜的故事，品牌不仅能够吸引消费者的注意，还能在他们心中留下难以磨灭的印记。

一、故事营销的本质与力量

故事营销的核心在于其能够触动人心的情感力量。人类的大脑对于故事有着天然的反应，一个好的故事能够迅速吸引注意力，激发情感共鸣，从而加深对信息的记忆。故事不仅能够传递事实，更能够传递情感和价值观，这对于品牌的长期发展至关重要。

故事之所以能够超越事实，是因为它能够触及人们的内心。以华为为例，其创始人任正非的创业经历，就是一个充满挑战与坚持的故事。从一个小型的通信设备销售代理商，到全球领先的信息与通信技术解决方案提供商，华为的故事激励了无数人，也为品牌建立了与大众进行情感互联的基础。

故事的持久影响力在于其能够跨越时间和空间的限制。以海尔为例，其“真诚到永远”的品牌理念，通过各种服务故事的传播，如“海尔冰箱上楼梯”，也展现了其对顾客服务的承诺，这些故事随着时间的推移，成了品牌文化的一部分，为海尔在全球市场上赢得了良好的口碑。

二、故事营销的五大类型

（一）创业型故事：坚持与梦想的传递

创业型故事通常讲述品牌创始人的创业历程，展现品牌从无到有、从小到大的成长过程。这样的故事不仅能够展现创始人的个人魅力和坚持精神，还能够激发消费者对品牌的认同感和信任感。

哈啰的创业故事是中国共享经济领域的一个缩影。创始人杨磊从一次次的出行难题中看到了机遇，坚持将一个简单的想法——通过互联网平台连接乘客和司机，发展成为国内专业的本地出行平台。哈啰的故事强调了创新、便捷和对传统出行方式的颠覆，这样的创业精神和解决问题的能力，使得哈啰在消费者心中建立了积极、进取的品牌形象。

（二）传播型故事：产品价值的社会化传递

传播型故事侧重于通过故事的形式，传播产品或服务的核心价值和社会价值，以此吸引消费者的注意力，并引发情感共鸣。

三只松鼠作为中国知名的互联网休闲食品品牌，其传播型故事主要围绕产品的品质和消费者的健康生活。通过讲述品牌方如何从源头把控产品质量，如何为消费者提供新鲜、健康的零食，三只松鼠成功塑造了一个关心消费者健康、追求品质生活的品牌形象。这样的故事不仅让消费者了解到产品的优势，也让消费者感受到品牌的社会责任和关怀。

（三）借力型故事：文化与情感的共鸣

借力型故事通过与文化事件、节日或其他社会热点结合，借助已有的情感共鸣和文化认同，加强品牌与消费者之间的联系。

百雀羚作为中国本土化妆品品牌，其借力型故事常常与中国传统文化相结合。例如，在春节期间，百雀羚会推出以“团圆”为主题的产品和营销活动，讲述关于家庭和团圆的故事，以此唤起消费者对传统文化的共鸣和对品牌的情感认同。通过这样的借力故事，百雀羚不仅提升了自身的文化价值，也加深了消费者对品牌的好感和忠诚度。

（四）风格型故事：品牌个性的塑造

风格型故事通过展现品牌的独特风格和价值观，来塑造品牌的个性和差异化竞争优势。

李宁品牌在近年来通过强调“中国制造”和“国潮”概念，成功地将自己的品牌形象植入了消费者的心中。李宁将中国传统文化元素融入现代设计中，讲述一个关于自信、创新和文化自豪的故事。这样的风格型故事不仅让李宁在国内外市场上脱颖而出，也吸引了一批追求个性和文化认同的年轻消费者。

（五）细节型故事：专业与精致的展现

细节型故事专注于讲述产品的细节设计、制造过程或者服务的个性化，展现品牌的专注和专业，以此提升产品的附加值和消费者的满意度。

传音控股是一家专注于移动通信领域的高新技术企业，其旗下手机品牌在非洲市场广受欢迎。传音通过讲述如何根据不同市场需求，研发具有特殊功能的手机（例如，针对非洲用户肤色优化的摄像头技术）展现了品牌方的专注和对用户需求的深刻理解。这样的细节型故事不仅展现了传音的技术创新能力，也增强了消费者对品牌的信任和忠诚。

三、故事营销的实施策略

（一）确定故事主题

品牌方需要根据自身的定位和目标消费者群体，确定一个能够引起共鸣的故事主题。例如，如果品牌定位于年轻消费者，那么故事可以围绕青春、梦想和创新等主题展开；如果品牌定位于高端市场，那么故事可以展现品牌的奢华、精致和独特性。

（二）构建情感联系

故事应该能够触动消费者的情感，建立起品牌与消费者之间的情感联系。例如，品牌方可以通过讲述创始人的创业故事、员工的成长故事、顾客的使用体验故事等，让消费者感受到品牌的温度和情感。

（三）创造互动机会

利用各种渠道与消费者进行互动，让故事在互动中不断丰富和发展。例如，品牌方可以通过社交媒体、线上活动、线下体验等方式，让消费者参与到故事的创造和传播中来。

（四）持续更新与传播

一个好的故事需要不断地更新和传播，以保持品牌的活力和影响力。品牌方应该利用各种媒体平台，持续地讲述和传播自己的故事。例如，品牌方可以通过定期发布新的广告片、社交媒体帖子、博客文章等，向消费者传递新的信息和故事。

4.3

跨界合作与品牌联名的新趋势

跨界合作，简单来说，就是两个或多个不同领域的品牌或个体携手，共同创造出全新的产品或体验。而品牌联名，则是两个或多个品牌将各自的品牌元素结合在一起，共同推出限量版产品或服务。跨界合作与品牌联名，正成为市场营销的新宠儿。它们不仅是品牌间互相借力的双赢策略，更是为消费者带来新鲜体验与情感共鸣的重要手段。具体来说，跨界合作与品牌联名具有如下内涵。

一、跨界合作：打破常规，创造无限可能

跨界合作，打破了我们对品牌固有印象的束缚。两个看似毫不相干的品牌携手所产生的“化学反应”超乎想象。这主要表现在以下几方面。

（一）品牌与文化的碰撞

在跨界合作中，品牌与文化的碰撞总是能激起热烈的火花。时尚品牌与艺术家的合作，就像一场视觉与创意的盛宴。比如，古驰与艺术家

Alessandro Michele（亚历山德罗·米歇尔）的合作，将古典艺术与现代时尚完美融合，创造出了一系列令人惊叹的作品。这样的合作不仅提升了品牌的文化价值，也为艺术家提供了一个展示才华的舞台。

博物馆和画廊也不甘落后，它们与时尚、美妆等领域内的品牌合作，让艺术走进了大众的生活。例如，纽约大都会艺术博物馆与时尚品牌合作推出的限量版服装，将博物馆的藏品元素巧妙地融入设计之中，让艺术与时尚的界限变得模糊。

（二）科技与生活的融合

“科技”，这个充满未来感的词，正逐渐渗透到我们生活的每一个角落。品牌与科技公司的合作，让我们的生活变得更加智能化。智能家居品牌与科技巨头联手，如小米的AI音箱与各大家电品牌的合作，让我们的家变得更加“听话”。通过语音控制，我们可以轻松调节灯光、温度，甚至是播放音乐。小米的AI音箱“小爱同学”以其亲民的价格和强大的功能，迅速占领了市场，成为了智能家居领域的明星产品。这样的合作，不仅提升了小米的科技感，也让消费者享受到了前所未有的便捷。

（三）体育与激情的结合

体育，这个充满激情与活力的领域，与品牌的结合总能激发出强烈的情感共鸣。品牌与体育赛事、运动员的合作，不仅提升了品牌形象，还为消费者提供了一种全新的参与方式。比如，阿迪达斯与

NBA 的合作，推出了一系列篮球鞋和运动装备，让球迷们能够与球员穿上同款球鞋或使用同款装备。这种合作，让品牌收获了更多消费者的青睐。

二、品牌联名：强强联手，共创市场佳话

品牌联名，这种看似简单的合作方式，往往能创造出惊人的市场效应。当两个或多个知名品牌携手，它们所释放的能量是难以估量的。我们可以从以下几方面洞悉其中的奥秘。

（一）经典与潮流的交融

在品牌联名的世界里，经典与潮流的交融总是能引发消费者的强烈兴趣。历史悠久的品牌与新兴潮流品牌的合作，就像是一场时尚的接力赛。比如，路易威登与苏博瑞的联名系列，将奢华与街头文化完美融合，引发了全球范围内的抢购热潮。这样的合作，不仅为传统品牌注入了新的活力，也让潮流品牌得到了更多消费者的认可。

（二）优势互补

不同领域的品牌，拥有各自独特的优势。通过联名合作，这些优势可以得到互补与整合，从而更好地满足消费者的多元化需求。以汽车品牌与时尚品牌的合作为例，兰博基尼与范思哲的联名车型，将汽车的动感设计与时尚元素相结合，打造出独一无二的产品外观。这样的合作，让消费者在享受驾驶乐趣的同时，也能体验到时尚的魅力。

（三）共同价值观的体现

成功的品牌联名往往基于共同的价值观和理念。这些价值观不仅可以吸引更多具有相同理念的消费者，还能加强品牌之间的信任与合作。比如，伊利与华强方特达成战略合作，“让世界共享健康”是伊利的梦想，“让世界更欢乐”是方特的使命，二者都渴望为提高人们的生活质量作贡献，其合作旨在追求健康与娱乐领域的共同发展，为消费者提供高品质的产品和服务。

跨界合作与品牌联名虽然为品牌带来了新的发展机遇，但也伴随着一系列挑战。如何在众多的合作中脱颖而出？如何确保合作的顺利进行并取得预期效果？这就要求我们必须认真做到以下几点。

（1）**精准定位目标受众**：在选择合作对象时，品牌方需要对自己和对方的目标受众有清晰的了解。只有找准目标受众的重叠区域，才能更好地制定合作策略。

（2）**强化品牌独特价值**：在合作中，品牌应始终保持自己的独特价值和定位，避免被其他品牌同化。只有坚守自己的核心价值，才能在合作中保持独立性。

（3）**持续创新合作模式**：随着市场的变化和消费者需求的升级，品牌方需要不断创新合作模式，以保持新鲜感和吸引力。通过尝试不同类型的跨界合作与联名，品牌方可以不断拓展自己的边界和市场影响力。

（4）**加强风险管控**：跨界合作与品牌联名虽然充满机遇，但也存在一定的风险。品牌方需要充分评估各种可能出现的风险因素，并制定相应的应对策略，确保合作的顺利进行。同时，品牌方还需要时刻关注市场动态和消费者反馈，及时调整合作策略，以降低风险并将合作效果最大化。

（5）**培养跨界思维人才：**成功的跨界合作与联名需要具备跨界思维的人才来推动和实施。因此，培养一支具备跨界思维和创新能力的人才队伍，是品牌方必须重视的任务。通过不断引进和培养跨界思维人才，品牌方可以更好地发掘跨界合作的潜力，拓展更广阔的市场空间。

跨界合作与品牌联名蕴含着巨大的商业潜力，它们不仅为品牌带来了新的增长点，也为消费者带来了前所未有的体验。在未来，随着科技的进步和消费者需求的变化，我们有理由相信，跨界合作与品牌联名将继续引领市场营销的潮流。

4.4 危机公关与品牌形象维护

互联网时代风云变幻，品牌形象的重要性不言而喻。一个品牌一旦陷入危机，即便之前拥有无数的粉丝和忠实用户，也有可能因为处理不当一夜之间失去所有。所以，如何做好危机公关，维护品牌形象，就成了各大企业的必修课。如何化危为机，将“危机”变成“转机”？我们可以从以下几方面着手。

一、快速反应，避免火势蔓延

在互联网时代，信息的传播如同野火般蔓延。品牌一旦遭遇危机，就像是森林中的某一处火苗，如果不迅速扑灭，很快就会吞噬整个品牌森林。因此，危机公关的第一步就是迅速反应，这要求品牌方拥有高度的敏感性和快速的决策能力。

如果一家大型连锁餐厅因为食品安全问题被曝光，那么它的反应速度将直接影响到公众对其品牌的看法。这时，品牌方需要立即启动危机管理机制，评估事件的严重性，制定应对策略，并迅速向公众传达处理方案。这包括发布官方声明，解释事件的起因，以及品牌方正在采取的紧急措施。同时，品牌方还需要与媒体保持沟通，确保信息的准确性和透明度。

在这个过程中，品牌方要展现出对消费者的尊重和关怀，以及对待问题的严肃态度。快速反应不仅能够减少损失，还能够在第一时间建立起品牌的负责任形象。

二、真诚沟通，展现责任担当

当危机发生时，公众往往更关心品牌方的态度而非事件的具体细节。品牌方要展现出真诚的态度，这是建立信任的关键。品牌方要直接面对问题，不回避、不推诿，坦诚地与公众沟通。

例如，如果一家科技公司的产品出现故障，导致用户数据丢失，那么公司应该立即承认错误，并向受影响的用户道歉。同时，公司还应详细说明引发故障的原因，以及正在采取的补救措施。这种真诚的态度能够缓解用户的不满情绪，同时也为品牌方赢得处理问题的宝贵时间。

在沟通的过程中，品牌方还应该展示出解决问题的决心和行动，包括但不限于提供补偿、改进产品、加强内部监督等。通过这些措施，品牌方不仅能够平息当前的危机，还能够为未来的品牌建设打下坚实的基础。

三、聚焦问题，解决核心矛盾

危机公关不仅仅是对外界的回应，更重要的是要深入问题的核心，从根本上解决问题。这要求品牌方应第一时间进行深入的内部调查，找出问题的根源，并采取切实可行的措施解决问题。

以某知名咖啡连锁品牌为例，当其遭遇食品安全危机时，品牌方不仅迅速下架了问题产品，还对整个供应链进行了全面检查。这种彻底的自我审查不仅解决了当前的问题，还向公众展示了企业对食品安全的重视。同时，品牌方还加强了对员工的培训，确保每一个环节都符合食品安全标准。

通过这样的行动，品牌方不仅解决了眼前的危机，还为未来的运营提供了更加坚实的保障。

四、修复形象，重建信任桥梁

危机过后，品牌形象的修复是一个长期且复杂的过程。品牌方需要采取一系列措施来重新获得消费者的信任，这包括加强产品质量控制、提升服务水平、加强与消费者的互动等。

例如，某运动品牌在遭遇代言人形象危机后，不仅迅速更换了代言人，还推出了支持青少年体育教育的公益项目。这样的举措不仅展示了品牌的社会责任感，还提升了品牌形象，吸引新的消费者群体。

此外，品牌方还可以通过社交媒体、线下活动等方式，与消费者建立更加紧密的联系。通过这些互动，品牌方可以更好地了解消费者的需求和期望，从而提供更加符合市场需求的产品和服务。

五、总结经验教训，防患未然

每一次危机都是品牌成长的机会。品牌方在应对危机的同时，也应该总结经验教训，防止类似问题再次发生。这包括完善内部管理流程、加强员工培训、建立危机应对机制等。

品牌方应该定期进行危机模拟演练，以提高团队在真实危机发生时的应对能力。同时，品牌方还应该建立一个跨部门的危机管理小组，确保在危机发生时能够迅速集结资源，高效应对。

通过这些措施，品牌不仅能够更好地应对未来的挑战，还能够在市场竞争中保持领先地位。

品牌方还应该注重与消费者的持续沟通，通过各种渠道收集反馈，了解消费者的需求和期望。这种双向的沟通机制能够帮助品牌方及时发现潜在的问题，并在问题演变成危机之前进行预防和解决。

此外，品牌方应该将社会责任纳入其长期战略中，通过参与公益活动、支持可持续发展等方式，展现品牌的正面形象。这样的长期投入不仅能够提升品牌的社会影响力，还能够在危机发生时为品牌赢得公众的同情和支持。

在这个信息传播速度极快的时代，危机公关已经成为品牌生存和发展的重要保障。一次成功的危机公关不仅能够化解危机，还能够为品牌带来更多的机会和价值。因此，企业应该高度重视危机公关工作，不断提升自身的应对能力和水平。只有这样，才能在激烈的市场竞争中立于不败之地。记住：危机并不可怕，只要应对得当，危机就能成为转机。

4.5 案例分析 成功塑造品牌形象的实例

案例一 “苹果”的魔法

苹果公司，作为全球知名的科技企业，以其创新精神和对产品设计的极致追求，塑造了高端、简洁、创新的品牌形象。自 1976 年成立以来，苹果不断推出革命性产品，如 iMac（一体机电脑）、iPod（音乐播放器）、iPhone 和 iPad（平板电脑），引领了全球消费电子市场的潮流。

从苹果公司的成功，我们可以看到品牌定位、故事营销、跨界合作、危机公关等品牌营销策略的成功应用对品牌经营产生诸多益处，总结起来有以下几点。

（1）苹果的品牌定位始终如一：创新、简洁、高端。这一定位不仅体现在产品设计上，也贯穿于其营销传播策略。苹果的广告总是以一种颠覆传统、挑战现状的形象出现，这种策略从1984年的“超级碗”（美国职业橄榄球年度总冠军赛）广告开始就一直沿用至今。这种大胆的营销策略，至今仍然是品牌塑造的经典案例。

（2）苹果的传播策略同样精准而高效。它通过精心策划的发布会，将产品发布变成了一场科技界的盛事。每一次发布会，苹果都会选择一个具有象征意义的地点，如乔布斯剧院，这样的选择本身就在传递品牌的价值和地位。发布会上，苹果的领导者们不仅仅是在介绍产品，更是在传递一种理念：苹果，是创新和卓越的代名词。

（3）故事营销是苹果品牌塑造的另一大法宝。从iMac的透明外壳，到iPhone的极简设计，每一款产品背后都有一个故事。这些故事不仅仅是关于产品的功能，更是关于对创新和美学的追求。苹果通过讲述这些故事，让消费者感受到产品不仅仅是工具，更是一种生活方式的象征。

（4）苹果的品牌形象塑造还体现在其对用户体验的极致追求。从macOS（桌面操作系统）的直观界面，到App Store（应用商店）的精心策划，苹果始终致力于提供无缝、流畅的使用体验。这种对用户体验的重视，让苹果的产品不仅仅是硬件的堆砌，而是一整套生态系统的构建。

（5）苹果的跨界合作和品牌联名策略也是其品牌塑造的重要组成

部分。从与时尚品牌爱马仕的合作，到与艺术家 Andy Warhol（安迪·沃霍尔）的联名，苹果通过这些跨界合作，将科技与艺术、时尚完美融合，进一步强化了其高端、创新的品牌形象。

这些联名产品不仅吸引了原有的粉丝群体，还吸引了新的消费者群体，扩大了苹果品牌的影响力。同时，这些合作也让消费者看到了苹果品牌的多样性和包容性，让品牌形象更加丰富和立体。

（6）在品牌形象的维护上，苹果同样表现出色。面对产品缺陷、市场质疑等危机，苹果总是能够迅速而有效地进行公关处理。例如，当 iPhone 4 出现“天线门”问题时，苹果迅速召开新闻发布会，公开承认问题并提供解决方案，这种坦诚的态度赢得了消费者的理解和信任。

苹果的危机公关策略不仅仅是解决问题，更是在强化其品牌形象。通过这些公关活动，苹果传达出一个信息：即使面临挑战，苹果也会坚守品质和创新的核心价值。

（7）苹果的成功，在于它将品牌塑造融入了每一个细节之中。从产品设计，到营销策略，再到社会责任，苹果都展现出了一种独特的品牌魅力。它不仅仅是在卖产品，更是在卖梦想，卖生活方式。这种深入人心的品牌形象，让苹果不仅仅是一家科技公司，更是文化符号的存在。

苹果的故事告诉我们，品牌塑造不仅仅是一场营销战役，更是一场关于梦想、创新和责任的长跑比赛。而在这个赛程中，苹果无疑是那个领跑者。它通过精准的品牌定位、故事化的营销策略、成功的跨界合作，以及有效的危机公关手段，将自己打造成了一个全球性的文化现象，成为无数人心中的“白月光”。

案例二　“蔚来”的赛道

“蔚来”是中国新兴的高端电动汽车品牌，自 2014 年成立以来，就以其独特的品牌理念和创新技术，迅速在全球新能源汽车领域崭露头角。蔚来不仅追求汽车的性能与设计，更致力于提供全面的智能出行解决方案，通过其电动汽车、自动驾驶技术、智能网联服务等，重新定义了未来出行方式。

从蔚来的异军突起同样能看到品牌营销策略的成功应用。归纳起来有如下几点。

（1）蔚来的定位是“智能电动汽车”，它不仅关注车辆的性能，更强调智能化和用户体验。蔚来通过其 NIO House（蔚来中心）和 NIO Day（蔚来日）等活动，打造了一个高端、科技感强的品牌形象。这些活动不仅是产品展示的平台，更是品牌文化的传播场所，通过这些活动，蔚来成功地与消费者建立了情感连接。

（2）蔚来在传播策略上也颇具新意。它利用数字营销手段，直接与消费者沟通，减少了传统广告的开销，同时也更加精准地触达目标用户。蔚来还通过 UGC 来增强品牌影响力，鼓励车主分享他们的驾驶体验，这种口碑传播的效果往往比传统广告更加具有真实性。

（3）**蔚来在故事营销方面同样表现出色**。它通过讲述创始人李斌的创业事迹，以及蔚来如何在电动汽车领域不断创新和突破的故事，塑造了一个勇敢、开放的品牌形象。这些故事不仅展示了蔚来的技术实力，也传达了品牌方对于未来出行方式的愿景和承诺。

（4）**蔚来的故事不仅仅是关于汽车，更是关于创新和梦想**。企业通过讲述如何克服技术难题、如何为用户提供极致体验的故事，激发了消费者的情感共鸣，使品牌形象更加立体和有温度。

（5）**蔚来在跨界合作方面也颇有建树**。它与时尚品牌、科技公司以及文化机构等进行合作，推出了一系列联名产品和活动。这些合作不仅提升了蔚来的品牌知名度，也丰富了其品牌形象，使其更加多元化和年轻化。

例如，蔚来与传奇设计“鬼才”Hussein Chalayan（侯赛因·卡拉扬）合作发布的“NIO × Chalayan”联名限量系列时尚服装，不仅吸引了时尚爱好者的注意，也展现了蔚来对于设计美学的追求。其与科技公司雷蛇合作推出的“ES6 暗夜探索者”限量版汽车，则进一步强化了蔚来在智能化方面的领先地位。这些跨界合作，使得蔚来的品牌故事更加丰富多彩，也为其赢得了更广泛的市场认可。

（6）**面对市场竞争和行业挑战，蔚来在危机公关方面也展现出了强大的应对能力。**在面临资金链紧张、市场质疑等危机时，蔚来通过透明沟通、积极回应，以及推出新的车型和服务，成功地稳住了市场信心，并维护了品牌形象。

（7）**蔚来在危机公关中展现出的透明度和责任感，赢得了消费者的信任。**公司通过公开透明的财务报告、及时的市场沟通，以及对用户反馈的积极响应，有效地缓解了市场对其发展路径的担忧，同时也为品牌赢得了更多的忠实用户。

蔚来成功地在电动汽车市场树立了一个高端、智能、创新的品牌形象，它的故事不仅仅是关于汽车，更是关于未来出行方式的探索和创新。蔚来的成功案例，为其他品牌提供了宝贵的经验，即在快速变化的市场中，如何通过品牌塑造来赢得消费者的信任和支持。

第五章

活动策划与执行

5.1 活动策划基本原则与流程

活动策划不仅仅是举办一场简单的聚会，它更是品牌与消费者沟通的桥梁，是想象与创意的结晶。如何策划一场能够引爆社交媒体、引起广泛关注的活动？以下八大策略，可以带你一步步实施“热度制造”计划。

一、目标受众的分析与定位

通过市场调研深入了解目标受众的兴趣、习惯和需求后，品牌方可以在目标受众活跃的社交媒体平台发布调查问卷，收集他们对活动类型、时间、地点的偏好；创建详细的用户画像，包括年龄、性别、职业、兴趣爱好等，确保活动内容与目标受众的高度匹配，比如针对年轻人设计符合他们生活节奏和娱乐方式的活动；研究竞争对手的活动策略，找出差异化的切入点，比如分析竞争对手的活动主题、互动方式和宣传渠道，然后思考如何在这些方面不断创新和改进。

二、创意内容的设计与制作

品牌方可以围绕活动主题创作吸引人的故事，让参与者产生情感共鸣，例如设计一个关于“梦想成真”的故事，让参与者在活动中逐步实现梦想；利用时下流行的设计元素和色彩搭配方案，制作吸引人的海报、视频等视觉素材，例如聘请专业设计师，根据活动主题和目标受众的喜好，设计出既现代又具有吸引力的宣传材料；结合时事热点、流行文化，创造独特的活动内容，可以是主题挑战、互动游戏等，例如设计一个与当前热门电影相关的主题挑战，让参与者通过完成挑战来赢取电影票。

三、互动环节的设计与执行

品牌方在设计互动活动时应考虑活动的简易性及易参与性，例如设置一个现场投票环节，让参与者对某个话题发表意见，投票结果将影响活动的一部分内容；利用 AR（增强现实）、VR（虚拟现实）、直播等技术，提升互动体验，例如引入 AR 技术，让参与者通过手机扫描活动现场的特定标志，解锁隐藏的互动内容；确保现场互动环节顺畅，及时解决可能出现的技术问题，例如提前进行多次技术测试，确保所有互动设备在活动时能够正常工作。

四、多渠道的宣传与推广

品牌方可以利用微博、微信、抖音等平台，发布活动预告、倒计时、幕后花絮等，增加话题热度，例如在微博创建活动专属话题标签，鼓励参与者使用该标签分享活动相关内容；与具有影响力的人物合作，通过他们的社交媒体账号进行活动推广，例如邀请行业内的意见领袖参与活动，并在他们的社交媒体上分享活动信息；联系相关媒体进行新闻报道，扩大活动影响力，例如向当地报纸、电视台发送新闻稿，介绍活动亮点和预期效果。

五、现场体验的优化

品牌方在根据活动主题进行现场布置时应努力营造一种沉浸式体验，例如为音乐节活动设计一个充满音乐元素的现场，让参与者一进入现场就能感受到音乐的氛围；规划清晰的活动流程，确保每个环节的顺畅进行，例如为活动制定详细的时间表，并在现场设置明显的指示牌，引导参与者了解活动流程；提供优质的服务，例如设置专门的签到台，为参与者提供快速便捷的签到服务，并在活动现场设置休息区，提供饮料和食品。

六、数据驱动的优化与反馈

在活动前后，品牌方要注意收集参与者数据，如签到人数、互动次数等，可以使用电子签到系统，自动收集参与者信息，并统计互动环节的参与人数；分析活动数据，评估活动效果，找出成功与不足之处，例如，通过社交媒体分析工具，查看活动相关话题的讨论量和情感倾向，评估活动的影响力；通过问卷、访谈等方式，收集参与者的反馈，为后续活动提供改进方向，例如，在活动结束后立即通过电子邮件发送满意度调查问卷，收集参与者的意见和建议。

七、持续跟进与品牌故事的构建

活动结束后，品牌方可以及时发布活动总结、精彩瞬间、幕后故事等内容，延续话题热度，例如制作一个活动回顾视频，展示活动的精彩瞬间，并在社交媒体上发布；通过邮件、社交媒体等渠道，持续与参与者保持联系，建立长期关系，例如在活动结束后，通过邮件向参与者发送感谢信，并邀请他们关注品牌的社交媒体账号；将活动融入品牌故事中，提升品牌形象，增强品牌识别度，例如在品牌的官方网站上创建一个活动专栏，讲述活动背后的故事。

八、构建社群与长期价值

在活动策划的过程中，组建一个活跃的社群并坚持长期运营至关重要。这不仅能够确保活动在短期内吸引到目标受众的关注，还能在活动结束后继续产生积极影响。

在活动策划初期，策划人员就应该考虑如何建立一个与活动主题紧密相关的社群。这可以通过创建微信群、论坛小组或者专门的社交媒体平台账号来实现，为参与者提供一个交流和分享的空间。在活动进行中，策划人员还应鼓励社群成员积极发言，让他们成为活动的共同创造者。可以设置社群成员专属的互动环节，或者邀请他们参与活动的策划和执行，这样不仅能提升目标受众在活动中的参与度，还能增强社群成员的归属感。活动结束后，策划人员也可以继续通过社群与参与者保持联系，分享活动后续内容，如幕后故事、参与者的反馈和成果展示，以及未来的活动预告，让社群成员感受到自己是品牌故事的一部分。同时，对于积极参与各项活动的社群成员，品牌方不妨提供一些专属的奖励和认可，如优先获取活动信息、特别折扣权益、限量版礼品等，以此增强社群成员的归属感和忠诚度。

通过上述策略的详细实施，我们可以确保活动策划的每一个环节都经过深思熟虑，从而打造出一场不仅能够吸引眼球，还能深入人心的活动。

5.2
线上、线下活动策划与执行

在过去，活动策划与执行的形式比较单一，均为线下，品牌方与消费者面对面交流。随着互联网、数字技术和社交媒体平台的飞速发展，活动的策划与执行已经不再局限于线下，而是形成了线上、线下以及线上线下相结合三种方式。这些方式各有千秋，它们就像三条不同的赛道，各自承载着不同的速度与激情。

线上活动如数字世界的闪电，迅速触及目标受众，以低成本和高效率著称。线上活动通过社交媒体的传播力，能够在短时间内吸引大量关注，但可能缺乏面对面交流的深度。线下活动则像是实体世界的盛宴，注重现场体验和人际互动，但受限于地理位置和资源投入。线上线下相结合的方式既拥有线上的广泛覆盖，又不失线下的亲身体验，为参与者提供全方位的活动感受，但对策划和执行提出了更高的要求。对这些问题，我们可以从以下几方面展开讨论。

一、线上：数字世界的热度引擎

线上活动的魅力在于它的无限延伸性和即时互动性。想象一下，你正坐在家中，手指轻轻一滑，就能参与到一场千里之外的活动中，这种便捷性是线下活动难以比拟的。其优势主要通过以下几方面实现。

（一）创意预热

在活动开始前，通过社交媒体平台发布一系列创意预告，比如制作“病毒式”短视频、设计有趣的互动 H5 页面（基于 HTML5 技术开发的网页页面），或者发起一场话题挑战，让网友们自发地参与进来。这些内容不仅能够吸引目标受众的注意力，还能在他们的社交圈子里形成传播效应。你可以利用大数据和 AI（Artificial Intelligence，人工智能）技术分析用户的兴趣点，定制化地推送相关内容，提高用户的参与度和活动的曝光率。

（二）直播互动

直播是线上活动的一大亮点。通过实时直播，你可以让无法亲临现场的观众也能感受到活动的氛围。别忘了在直播中加入互动环节，比如实时问答、投票选择等，让观众成为直播的一部分，增加他们的参与感和归属感。此外，直播还可以通过打赏、送礼物等方式，为活动带来直接的经济效益。

（三）数据分析

线上活动的一个巨大优势是可以实时收集和分析数据。通过观察用户的点击率、分享次数、评论内容等，活动策划者和执行者可以迅速了解活动的效果，并据此调整策略。数据是你优化活动、提升热度的得力助手。你可以利用这些数据来优化用户界面，提高用户体验，或者调整营销策略，以吸引更多的目标用户。

二、线下：真实世界的热度触点

线下活动更注重现场体验和人际互动。它的魅力在于那种无法复制的真实感和沉浸式体验。我们可以通过以下途径实现线下活动的热度爆发。

（一）体验设计

线下活动的核心在于创造难忘的体验。你可以设计一些独特的互动环节，比如 VR 体验、现场工作坊、互动游戏等，让参与者在活动中留下深刻的记忆。这些体验会成为他们分享的素材，帮助活动在社交媒体上形成口碑。同时，你也可以通过现场的布置和氛围营造，让参与者感受到活动的独特魅力，比如通过灯光、音乐、装饰等元素增强现场的感官体验。

（二）现场氛围营造

现场的氛围对于线下活动至关重要。通过精心布置场地、设置背景音乐、安排互动环节等，你可以营造出一种独特的氛围，让参与者感受到活动的独特魅力。此外，现场的互动环节也可以通过技术手段与线上观众进行连接，比如通过大屏幕展示线上观众的实时反馈，或者通过直播让线上观众参与到现场的互动中来。

（三）惊喜元素

在活动中加入一些惊喜元素，比如意外的嘉宾、特别的表演，或者现场抽奖等，这些都能激发参与者的好奇心和期待感，让他们更愿意分享自己的体验。这些惊喜元素可以是活动的高潮部分，也可以是贯穿整个活动的亮点，让参与者始终保持兴奋和期待。

三、线上、线下相结合：热度的双倍放大

当线上的便捷性和互动性遇上线下的真实感和沉浸式体验，两者的结合就能产生 1+1>2 的效果。这主要表现在以下几方面。

（一）线上、线下互动

通过线上、线下的互动，你可以打破空间的界限。比如，线下活动现场可以设置二维码，让参与者扫描后在线上参与互动；或者线上的观众可以通过投票影响线下活动的某个环节。这种双向互动不仅增加了活动的趣味性，也扩大了活动的参与范围。你还可以利用 AR 技术，让线上观众通过手机屏幕看到活动现场的虚拟元素，增加互动的趣味性。

（二）内容同步

确保线上、线下的内容同步更新，让线上的观众也能跟上线下的节奏。比如，活动现场的精彩瞬间可以通过直播实时分享给线上观众，而线上观众的互动反馈也可以实时传递到现场。这种同步性可以让线上、线下的参与者都感受到自己是活动的一部分，增强他们的参与感。

（三）跨平台宣传

利用不同的平台进行宣传，比如在微信公众号、微博、抖音等平台上发布活动信息，吸引不同平台的用户。同时，鼓励参与者在多个平台上分享活动内容，形成跨平台的传播效应。你可以通过合作推广、KOL（Key Opinion Leader，关键意见领袖）营销等方式，让活动信息在不同的社交媒体平台上迅速传播。

（四）后续跟进

活动结束后，通过线上平台继续发布活动回顾、感谢信、参与者反馈等，让活动的影响力持续延伸。同时，也可以通过线上平台收集参与者的反馈，为下一次活动提供改进的方向。你还可以利用邮件营销、社群运营等方式，将活动的精神和价值传递给更广泛的受众。

无论是线上的便捷互动，还是线下的真实体验，抑或是两者的完美结合，关键在于如何让参与者感受到活动的价值，激发他们的参与热情，并通过他们的分享将活动热度推向高潮。在这个过程中，创意、互动、体验和数据都是你不可或缺的工具。

5.3 活动营销创新思路与实践

活动营销，简单来说，就是通过组织各类活动，吸引目标客户，提高品牌知名度，最终达到销售目的的一种行为方式。这类活动不是简单的促销活动，而是为了与消费者建立情感、打造品牌形象而精心策划的创意十足的社交盛宴。如何在这场盛宴中，让你的品牌成为最闪亮的明星？活动营销创新与实践的思路和建议归纳如下。

一、创意互动，让粉丝成为主角

粉丝不仅仅是品牌的消费者，更是品牌的传播者。如何让粉丝成为品牌故事的主角？答案是创意互动。比如：让品牌活动变成一场大型的“真人秀”，让粉丝直接参与其中，粉丝通过创意视频、照片等展示自己与品牌的故事，最终由大众投票选出“最佳代言人”。

为了让活动更具吸引力，你可以设置丰厚的奖品，提供与品牌相关的独家体验，或限量版产品。同时，通过社交媒体平台进行推广，引起更广泛的关注。在活动结束后，还可以通过制作粉丝故事集锦，巩固粉丝与品牌的联系，同时为品牌发展积累丰富的内容素材。

二、利用热点，借势营销

热点事件总能吸引大量的眼球，我们可以利用这些热点，将其与品牌活动相结合。比如，当一部电影热映时，品牌方可以与电影出品方合作，推出限量联名周边产品，或者举办相关的线下观影会，让粉丝在享受电影的同时，也能感受到你的品牌魅力。

借势营销的关键在于速度和创意。你需要迅速捕捉热点，然后以独特的方式将其与品牌联系起来。这不仅要求你对市场趋势有敏锐的洞察力，还需要有快速反应的能力。在执行过程中，要确保活动内容与热点事件紧密相关，同时保持品牌的核心价值观，避免过度商业化损害品牌形象。

三、创意 H5，让营销动起来

H5 页面因其互动性和趣味性，成为营销的新宠。你可以设计一个与品牌相关的互动 H5 页面游戏，比如“寻找品牌宝藏”的探险游戏，让用户在寻找宝藏的过程中了解品牌信息。这样的活动不仅有趣，还能在用户心中留下深刻的印象。

在设计 H5 页面时，要考虑到用户体验。确保游戏操作简单，界面美观，同时加载速度快。此外，游戏的奖励也应该与品牌相关，比如优惠券、积分或者实物奖品，这样可以激励用户分享游戏，增加品牌的曝光度。在 H5 页面的推广上，可以通过微信朋友圈、微博等社交平台进行扩散，利用社交网络的传播效应。

四、直播带货，实时互动

直播已经成为电商的新趋势，而直播带货更是让营销活动变得生动起来。你可以邀请网红或者 KOL 进行直播，展示产品，与观众互动，解答疑问，甚至进行限时抢购。这样的活动能够迅速提高产品的曝光率和销售额。

在直播带货时，要注意选择合适的主播，他们的粉丝群体应该与你的潜在客户相匹配。同时，直播内容要有吸引力，比如可以设置互动环节，让观众参与到产品展示中来，增加直播的趣味性。此外，直播过程中的互动元素也很重要，比如可以设置观众提问环节，让主播现场解答，或者进行小游戏，提高观众的参与度。

五、利用大数据，精准营销

大数据时代，了解用户的需求变得尤为重要。通过分析用户数据，可以更精准地定位目标客户，为他们提供个性化的营销活动。比如，你可以根据用户的购买历史，推送相关的新品信息或者优惠活动，提高转化率。

在实施大数据营销时，要注意数据的隐私保护，确保用户信息的安全。同时，要避免过度营销，以免给用户带来被骚扰的感觉。可以通过用户行为分析，了解用户的兴趣点，向他们提供感兴趣的内容，这样既能提高营销效果，又能提升用户体验。

六、创意联名，打造爆款

联名合作是近年来非常流行的营销方式。你可以寻找与品牌特性相符的其他品牌或者 IP（Intellectual Property，知识产权）进行联名，共同推出限量款产品。比如，你的服装品牌可以与热门动漫角色联名，推出主题 T 恤，吸引动漫粉丝的注意。

联名产品的设计要独特，能够体现双方品牌的特点。同时，宣传策略也要到位，通过社交媒体、KOL 推广等方式，让联名产品成为话题焦点。在联名活动中，可以设置一些独家的互动环节，比如联名产品的线上发布会，或者线下的联名展览，让粉丝有更多机会与联名品牌互动，增强联名活动的吸引力。

当然，创新总是伴随着风险。在活动营销的实践中，我们可能会遇到一些挑战，但正是这些挑战推动我们不断前进。以下是一些实践中可能遇到的挑战及其对策。

（一）预算有限

在资源有限的情况下，我们需要更加精打细算。可以选择成本低但效果好的活动。比如，组织线上研讨会，不仅成本低，而且能够触及更广泛的受众。通过精心设计的内容和互动环节，可以在虚拟空间中创造出与实体活动相媲美的体验。

（二）时间紧迫

时间是营销活动中的宝贵资源。当时间紧迫时，设计简单但有效的活动是关键。比如，你可以举办一个快闪活动，以其突然性和新颖性，迅速吸引大众的注意力。通过社交媒体的预热和现场的即时分享，你可以在短时间内创造话题，提高品牌的曝光度。

（三）缺乏专业人才

在没有专业人才的情况下，我们可以选择外包或合作。与其他有经验的营销团队合作，共同策划活动，弥补自身团队的不足，同时也能学习到行业内的诸多实践经验。记住，合作不是放弃，而是一种资源整合，让活动更加专业和高效。

（四）市场反应不如预期

市场的反应总是充满不确定性。当市场反应不如预期时，我们需要保持灵活，持续收集反馈，并根据反馈调整策略。通过数据分析，品牌方可以了解活动的效果，找出不足之处，并在下一次活动中加以改进。这种迭代的过程，正是活动营销不断进步的动力。

5.4 活动后热度持续与延展

企业营销离不开活动。一场精心策划的活动就像是一场精心编排的交响乐，如何让这场交响乐“余音绕梁，三日不绝”，成为活动策划者必须面对的挑战。这不仅关乎活动本身的成功与否，更涉及品牌形象的塑造、信息传递的持久性以及与消费者情感的深度绑定。

在活动筹备期间，活动策划者倾注了大量的心血，从主题设定到嘉宾邀请，从场地布置到流程安排，每一个细节都经过了反复推敲。活动结束后，大家都松了一口气，认为任务已经完成。而问题往往就出现在这个时候，因为真正的挑战在活动结束后才开始。如何让人们持续谈论活动、关注活动，如何让活动的正面影响更持久，成为摆在策划者面前的新课题。那么，如何深化和延伸活动的影响呢？我们可以尝试从以下几方面开展工作。

一、后续活动规划：深化品牌影响力

活动结束后，品牌方可以通过举办一系列产生情感共鸣的后续活动来延续参与者的体验。这些活动可以是小型的线下聚会，邀请活动的核心参与者分享他们的个人故事和感受；或者组织线上的分享会，让参与者表达自己对活动的意见和建议。这样的活动不仅能够强化参与者之间的联系，还能让品牌成为他们情感交流的桥梁。

例如，品牌方可以邀请活动中表现突出的参与者，或者那些与品牌有着特殊故事的消费者，来分享他们的经历。这些分享会可以是线上的直播，也可以是线下的小型聚会，通过这样的活动，品牌方能够更深入地了解消费者，同时也让消费者感受到品牌方对他们故事的重视。

为了延续活动的体验，品牌方可以为参与者提供独家体验机会，比如邀请他们参观工作坊、聚会或者进行品牌内部的幕后探秘之旅。这些活动可以让参与者感受到品牌方的特别关怀，同时也为他们提供了独一无二的体验，从而加深他们对品牌的情感投入。

二、创意延伸内容：提升内容的生命周期

活动的精彩瞬间不应随着活动的结束而消逝。企业可以通过创意延伸来延长内容的生命周期，比如制作一系列与活动主题相关的短视频、播客或者图文故事，发布在社交媒体和内容平台上。这些内容可以是幕后制作花絮、嘉宾访谈、活动亮点回顾等，让参与者在活动结束后依然

有新的内容可以期待和分享。

为了让这些内容更具吸引力，企业可以采用故事化的方式，将活动的精彩瞬间串联起来，制作成系列的短视频或图文故事，使之情节跌宕起伏，令人沉浸其中。比如，可以制作一个“活动幕后英雄”系列，讲述那些在活动背后默默付出的工作人员的故事，或者推出一个“活动幕后趣事”系列，分享一些活动中发生的有趣的小插曲，这样也能让活动精彩不断，趣味无穷。

三、持续惊喜策略：激发消费者兴趣

在生活中，人们都喜欢惊喜，因为惊喜会给人带来意外的收获，这就是获得感和幸福感，制造惊喜是维持消费者兴趣的有效手段。企业可以通过推出限时优惠、独家内容或者互动游戏来持续吸引消费者。比如“猜猜下个活动主题”“分享你的故事赢大奖”等活动，这不仅能让参与者保持对活动的关注度，还能通过他们的分享产生深远的影响，带来更多的新粉丝。

为了增加惊喜的吸引力，企业可以设计一些独特的互动环节。比如，可以设置一个“神秘嘉宾”环节，让参与者猜测下一个活动可能会邀请哪位嘉宾，或者推出一个“活动主题盲盒”，让参与者有机会参与到下一个活动的策划中，这样的方式能营造浓郁的惊喜氛围。

四、切片回放与互动：扩大活动影响力

企业可以将活动的精彩瞬间剪辑成短片，发布在各大视频平台，让错过活动的人有机会回放。当然，回放的目的不是简单地赚取播放量，而是鼓励观众在回放时对内容进行分析研讨，并发表评论和提问。品牌方还可以设置一些互动环节，如投票选出最佳瞬间，这样既增加了观众的参与感，也延长了内容的生命周期。

为了让回放内容更具吸引力，企业可以在剪辑时加入一些特效和动画，让视频看起来更加专业和有趣。此外，还可以在回放视频中加入一些互动元素，比如设置问题和答案，增加观众参与的热情，调动观众的积极性，让观众在观看的同时进行互动。

五、线上社区的建立与维护：构建持续的交流平台

在活动结束后，企业应建立一个线上社区，提供一个让参与者继续交流和分享的平台。社区可以定期发布活动相关的更新、幕后故事，还可以组织线上聚会，让参与者感受到即使活动结束，他们仍然是一个有紧密关系的群体。

为了保持社区的活跃度，企业可以定期举办一些线上活动，如主题讨论、知识分享会等。同时，鼓励社区成员分享他们的见解和经验，让社区成为一个知识交流和创意碰撞的场所。此外，还可以设立一些激励机制，比如优秀分享者可以获得下一次活动的优先参与权或者特别的礼

物，以此来鼓励大家进行更多的互动和参与。

通过上述策略，企业可以让活动的热度不仅仅在举办当时达到高潮，而且能够在活动结束后继续发酵，甚至在更长的时间内保持活跃。只有真正做到了热度持续与延展，才能算是完成了活动的全程。这样的持续营销不仅能够提升品牌形象，还能够在消费者心中留下深刻的印象，为未来的活动和产品销售打下坚实的基础。

5.5
案例分析 成功执行活动策划引爆热度的实例

案 例 优衣库的互动体验

优衣库的线上、线下活动策划，不仅仅是一场营销活动，更是一次品牌与消费者之间的深度对话。通过这些活动，优衣库成功地将品牌理念传递给消费者，同时也让消费者在参与中感受到了品牌的温度。在这个过程中，优衣库不仅提升了品牌的热度，更在消费者心中树立了积极、创新的品牌形象。

优衣库的成功也是其应用线上活动、线下活动、线上线下相结合活动的策略。具体表现在以下几个方面。

（1）优衣库的线上活动策划充满了创意和互动性。以 UT（优衣库联名 T 恤）系列设计大赛为例，这个活动是一场全球性的创意竞赛。设计师和艺术爱好者可以通过优衣库的官方网站提交自己的作品，这些作品不仅有机会被印制成 T 恤，还能在全球范围内展示他们的创意。通过向全球征集设计方案，这项活动打破了地域限制，让不同文化背景的设计师都能参与进来，这是世界范围内的文化大融合和创意碰撞。优衣库利用社交媒体平台进行活动宣传，通过话题标签和 UGC 增加活动的曝光度。同时，设立专业评审团和公众投票环节，确保了比赛的公正性和透明度。

（2）**优衣库的线下活动策划同样注重体验感和互动性。**艺术装置和快闪店的设置，让顾客能够在实体店中感受到品牌的独特魅力。这些活动通常围绕优衣库的某个系列或主题进行设计，比如与知名艺术家的合作系列，通过精心设计的现场布置和互动环节，让顾客在视觉上和感官上都能得到满足；鼓励顾客在社交媒体上分享他们的体验，进一步扩大活动的影响力。

（3）**优衣库的活动策略不仅仅是线上、线下的简单结合，而是通过线上、线下的互动，创造出一种全新的顾客体验。**例如，"LifeWear"（服适人生）体验活动就是一次线上、线下结合的成功尝试。通过线上的互动游戏和知识问答，吸引顾客参与，并赢取线下活动的入场券。以"科技文创生活馆"为主题的店铺体验展，让顾客能够更深入地了解优衣库的产品和设计理念。线上的互动和线下的体验之间有着紧密的联系，顾客在线上获得的信息和体验，在线下得到进一步的深化。

（4）优衣库通过这些活动，不仅在短期内提升了品牌的热度，更重要的是，通过这些活动，优衣库成功地传递了其品牌价值——简约、实用和时尚。这些活动让顾客在享受购物乐趣的同时，也能感受到优衣库对生活的理解和追求。通过全球性的UT设计大赛和线下的艺术装置，优衣库的品牌认知度得到了显著提升。这些活动吸引了媒体的关注和报道，增加了品牌的曝光率。线上线下相结合的活动设计调动了顾客的参与意愿。无论是线上的设计大赛，还是线下的快闪店体验，都让顾客有机会亲身参与到品牌活动中，这种参与感增强了顾客对品牌的忠诚度。活动的热度和顾客的参与度直接转化成了销售额。UT设计大赛中的获奖作品印制成T恤后，往往成为热销商品。而线下活动则通过提供独特的购物体验，促进了店内销售。顾客在社交媒体上的分享和讨论，为优衣库带来了大量的UGC。这些内容不仅增加了品牌的在线可见度，也为优衣库提供了宝贵的市场反馈。

（5）优衣库的线上、线下活动策划案例，展示了品牌方如何在数字化时代与消费者建立联系，并通过创意和互动提升品牌价值。这些活动不仅提升了品牌的短期热度，更在长期内对品牌形象和销售产生了积极影响。对于其他品牌来说，优衣库的成功提供了一个值得学习和借鉴的范例。优衣库的案例启示我们，创新是关键，以顾客为中心，整合线上线下资源，以及持续的品牌建设，都是品牌方在策划活动时应该考虑的重要因素。

（6）优衣库的活动策划团队不断创新，以吸引和留住消费者的注意力。他们的线上活动不仅仅是为了销售产品，更是为了建立一种文化、一种与消费者共鸣的生活方式。通过 UT 设计大赛，优衣库不仅展示了其对艺术和设计的尊重，也让消费者看到了品牌背后的文化价值。这种文化价值的传递，是通过让消费者参与到品牌的创造过程中实现的，这种参与感让消费者感觉自己是品牌故事的一部分，从而加深了他们对品牌的认同感。

（7）线下活动为消费者提供了一个亲身体验品牌的机会。优衣库的艺术装置和快闪店不仅仅是销售产品的场所，更是一个展示品牌理念的空间。在这里，消费者可以感受到优衣库对生活品质的追求，以及品牌如何将简约、实用和时尚的理念融入每一件产品中。通过这些体验，消费者不仅对优衣库的产品有了更深入的了解，也对品牌的理念有了更深刻的认识。

（8）线上线下的结合，为优衣库创造了一个无缝的顾客体验过程。无论是在线上参与设计大赛，还是在线下体验艺术装置，消费者都能在不同的环境中感受到优衣库的品牌精神。这种体验的连贯性，让消费者在不同的接触点上都能获得一致的品牌印象，从而加深了他们对品牌的记忆。

（9）优衣库的活动策略也体现了品牌方对顾客需求的深刻理解。通过线上的互动游戏和知识问答，优衣库不仅吸引了消费者的注意力，还提供了一种教育性的娱乐方式。这种教育性的娱乐让消费者在享受乐趣的同时，也能了解到优衣库的产品知识和设计理念。而线下的试穿体验和主题店铺展览，则让消费者有机会直接与产品互动，这种直接的体验比任何广告都更能打动消费者。

优衣库的成功案例告诉我们，品牌活动不仅仅是为了短期的销售业绩提升，更是为了长期的品牌建设。通过线上线下结合的活动，优衣库不仅提升了品牌的短期热度，更重要的是，它成功地传递了品牌的价值主张，增强了消费者对品牌的忠诚度。

第六章

口碑传播与用户推荐

6.1 提升用户体验，创造口碑传播基础

随着网络和社交媒体的蓬勃发展，我们每个人都成了信息的传播者，口碑的力量是无穷的，它就像无形的溪川，能够将你的品牌推向高峰，也能在不经意间将其淹没。那么，如何通过提升用户体验，来打造口碑传播的基础呢？以下几方面值得我们关注。

一、用户体验：口碑的摇篮

用户体验，是口碑传播的摇篮。它涵盖了用户从接触产品到使用产品，再到最终形成评价的全过程。一次良好的用户体验，就像是一粒种子，能够生根、发芽、长叶，最终长成好口碑的参天大树。用户体验主要体现在以下几方面。

（1）一致性：无论是产品的外观设计，还是服务的流程，一致性都是用户体验的核心。用户期望在任何环节，都能得到相同品质的体验。

这就像走进一家餐厅，从菜单的设计到服务员的着装，再到食物的呈现，每一处都透露出品牌的风格和品质，让用户在享受美食的同时，也能感受到品牌方的用心和专业。

（2）**透明度**：在信息时代，用户希望能够清楚地了解他们正在使用的产品或服务。提供透明的信息，让用户知道他们在做什么，为什么这么做，是建立信任的关键。这就像在购物网站上，用户能够清晰地看到商品的详细信息、价格、运费以及退换货政策，这种透明度让用户感到安心，也更愿意推荐给朋友。

（3）**响应度**：快速响应用户的需求和反馈，是提升用户体验的重要手段。无论是产品功能的迭代，还是客户服务的响应速度，都需要做到迅速而有效。这就像用户在使用一款 App（Application，应用软件）时，如果遇到了问题，通过简单的操作就能得到及时的帮助，这种高效的响应会让用户感到被重视、被尊重，从而更愿意成为品牌的忠实粉丝。

二、口碑传播的催化剂：超出预期

想让用户主动传播你的品牌，你需要给他们一个超出预期的理由。这不仅仅是满足他们的需求，更是给他们一个惊喜。而要做到这一点，我们需要重视以下几方面。

（1）**惊喜元素**：在产品或服务中加入一些意想不到的元素，可以是一个小小的创意，也可以是一次特别的体验。这些惊喜会成为用户口中的谈资，也是他们愿意分享的动力。比如，某家咖啡店在顾客的生日当天，会送上一份免费的蛋糕，这种小惊喜不仅让顾客感到温馨，也会让他们愿意在社交媒体上分享这份喜悦。

（2）**个性化体验**：通过数据分析，品牌方可以了解用户的个性和偏好，为他们提供定制化的服务。这种被重视的感觉，会让用户更愿意成为你的品牌大使。比如，一家在线书店根据用户的阅读历史推荐书籍，这种个性化的推荐不仅提升了用户的购书体验，也让用户感到自己被理解和尊重。

（3）**故事性**：人们都喜欢故事，尤其是那些情节生动，能够引起共鸣的故事。将你的品牌故事融入用户体验中，让用户在使用产品的同时，也能感受到故事的魅力。比如，一家环保品牌在产品的包装上印有品牌如何从零开始，一步步实现可持续发展的故事，这种故事性的包装不仅提升了产品的附加值，也让用户在使用产品的同时，感受到企业所秉持的价值观。

三、口碑传播的守护者：优秀的客户服务

优秀的客户服务是口碑传播的守护者。它能够在用户遇到问题时，提供及时的帮助，让用户感受到品牌方的关怀和贴心的温暖。这主要体现在以下几方面。

（1）**快速响应**：无论通过社交媒体，还是客服热线，快速响应用户

的问题，是品牌方提供优质客户服务的基础。比如，用户在社交媒体的官方账号下留言询问产品信息，品牌能够在短时间内回复，这种及时的互动让用户感到被重视，也更愿意成为品牌的传播者。

（2）**个性化服务：**了解用户的需求，提供个性化的服务，品牌方应努力让用户感受到被重视和尊重。比如，一家酒店根据用户的喜好，提前准备好他们喜欢的房间布置，这种个性化的服务不仅提升了用户的住宿体验，也让用户感到惊喜和满意。

（3）**持续跟进：**在问题解决后，持续跟进用户的反馈，确保他们的满意度，也是品牌方维护良好口碑的重要手段。比如，用户在购买产品后，品牌方可定期发送邮件询问使用情况，让用户反馈意见和建议，这种持续的关怀让用户感到温暖和被尊重，也更愿意将这种体验分享给周围的人。

四、用户体验的持续优化：口碑传播的永动机

在用户体验的旅程中，持续优化是推动口碑传播不断前进的永动机。它不仅要求品牌方在产品推出时做到尽善尽美，更要求品牌方在用户使用过程中不断倾听、学习和改进。为此，我们要关注以下几方面。

（1）**重视用户的反馈：**用户的反馈是产品改进的宝贵资源。品牌方应建立有效的反馈机制，确保用户的声音被认真听取，并迅速转化为产品改进的真正依据。这种对用户声音的重视，能够让用户感受到品牌方的关注和尊重，从而增强他们分享真实体验的动力。

（2）**产品的迭代与创新：**品牌方应保持敏捷，不断迭代更新产品，以适应市场的变化和用户需求的演进。这种对产品持续改进的承诺，能够让用户看到品牌的成长和进步，从而激发他们对品牌的信任和忠诚。

（3）**用户体验的长期投入与维护：**品牌方应将用户体验视为一项长期战略，持续投入资源进行研究和创新。通过定期的用户调研、体验测试和数据分析，品牌方能够深入了解用户需求，优化服务流程，提升产品性能，确保用户在每个阶段都能获得最佳体验。

提升用户体验，创造口碑传播基础，就是让用户在使用你的产品或服务的过程中，感受到被尊重、被理解、被关怀。只有这样，用户才会愿意将这种美好的体验，分享给他们的朋友和家人，从而让口碑流传开来。这种由内而外的口碑传播，是最有力、最持久的品牌推广方式。

6.2 激励用户分享与传播策略设计

用户每天都在被无数的信息轰炸，但只有那些能够触动他们内心的故事才能在他们的心中留下痕迹。当用户自愿为我们传播内容时，热度自然而来。那么，如何让用户心甘情愿地分享呢？下面是激励用户分享的几个策略。

一、激发用户的分享欲

我们要明白，用户分享内容，不仅仅是因为内容本身有多好，更多的是因为他们在分享的过程中得到了某种满足。这种满足可能来自以下几个方面。

（1）**社交认同：**分享有价值的内容，可以提升个人在社交圈中的形象，获得认同和赞赏。

（2）**情感共鸣：**当内容触动了用户的情感，无论是喜悦、悲伤还是愤怒，他们都有冲动想要与他人分享这种情感体验。

（3）**实用价值：**如果内容能解决用户的实际问题，或者提供有用的信息，用户会乐于分享给需要的人。

（4）**好奇心：**新奇、有趣的内容往往能激发用户的好奇心，驱使他们去探索和分享。

（5）**自我表达：**分享内容也是用户表达自我、展示个性的一种方式。

二、激励用户乐于分享的策略

了解了用户的分享动机，我们就可以设计出一系列策略来激励用户分享。我们来看以下几方面。

（1）**打造社交货币：**让你的内容成为用户社交圈中的“硬通货”。比如，你可以创建一些独家的、有深度的内容，让用户觉得分享出去能提升自己的社交地位。这种策略可以是首次公开的幕后花絮、行业内幕新闻或者与名人的独家对话。

（2）**情感连结：**品牌方制作的内容要能触动人心，引发共鸣。无论是搞笑的、感人的还是激励人心的，只要能引起用户的情感共鸣，他们就会愿意分享。例如，你可以编发一系列关于亲情、友情或爱情的故事，这些故事能够触动用户的内心，让他们愿意分享给亲朋好友。

（3）**实用至上：**提供用户真正需要的信息。比如，你可以分享一些生活小窍门、行业动态或者健康小贴士，这些都是与你的品牌或商品有关，并且用户乐于分享的实用内容。你可以设计一个“每日一帖”系列，每天提供一条实用的生活建议，让用户每天都期待你的更新。

（4）**新奇有趣：**内容要有足够的吸引力。你可以利用一些新奇的角度、独特的视角来讲述故事，或者制作一些有趣的互动内容，让用户在分享的同时也能体验乐趣。比如，你可以开发一款互动游戏，让用户在玩游戏的同时了解你的产品或服务。

（5）**个性化定制：**让用户觉得内容是为他们量身定制的。比如，你可以让用户参与到内容的创作中，或者提供个性化的内容推荐，让用户觉得分享出去的内容更能代表他们自己。又或者你可以开发一份个性化的问卷调查，根据用户的回答生成专属的报告或建议，用户自然愿意分享这份独一无二的内容。

三、国内主要社交媒体平台的分享策略

在网络平台上分享内容时，需要根据不同平台的特性和用户群体来定制分享策略，以提高内容的传播效果。以下是针对几个主要国内社交平台的分享策略。

（一）微博

（1）**内容类型：**适合分享新闻、热点事件、短篇观点、图文结合的内容。

（2）**策略：**利用话题标签增加曝光率，参与热门话题讨论，与大 V

互动提高影响力。

(3) **互动**：鼓励用户评论、转发，通过问答、投票等形式增加用户参与度。

(二) 微信

(1) **内容类型**：适合分享深度文章、生活感悟、实用信息、教育内容。

(2) **策略**：利用微信公众平台，定期推送内容，通过朋友圈分享到个人社交圈。

(3) **互动**：通过微信群、小程序等方式，建立用户社群，提供互动平台。

(三) 知乎

(1) **内容类型**：适合分享专业知识，行业分析，经验分享，问答互动。

(2) **策略**：参与热门问题的回答，提供有价值的见解，通过专栏发布系列内容。

(3) **互动**：鼓励用户提问和回答，通过点赞、收藏和关注来增加内容的传播速度。

(四) 抖音

(1) **内容类型**：适合分享短视频、搞笑片段、生活记录、创意内容。

(2) **策略**：利用音乐、特效和“挑战”趋势，制作吸引人的短视频。

（3）**互动：**通过挑战、话题标签和用户互动（如评论、点赞）来增加视频的传播。

（五）快手

（1）**内容类型：**适合分享生活化、接地气的内容，如日常生活、乡村生活、手工艺制作等。

（2）**策略：**制作真实、贴近生活的短视频，利用平台的直播功能与用户实时互动。

（3）**互动：**通过直播打赏、评论互动等方式，增强用户黏性和内容的传播力。

（六）B站（哔哩哔哩）

（1）**内容类型：**适合分享二次元文化、原创动画、游戏、科技、教育等视频。

（2）**策略：**制作高质量的原创内容，参与或发起相关主题的讨论和活动。

（3）**互动：**鼓励用户通过弹幕、评论和投稿来参与内容的讨论和创作。

（七）小红书

（1）**内容类型：**适合分享美妆、时尚、旅行、美食等内容。

（2）**策略：**制作精美的图片和视频，利用平台的标签系统和话题功能增加曝光度。

（3）**互动**：通过用户笔记的点赞、评论和收藏，以及参与话题挑战来提高内容的互动性。

在实施分享策略时，还需要考虑平台的算法推荐机制，以及如何通过内容的优化（如标题、封面图、标签等）来吸引用户的注意力。

此外，平台之间的合作和联动也成为分享策略的新趋势。与其他平台合作，可以形成内容的互补和流量的互导，实现资源共享和共赢。例如，微博与抖音的互动，知乎与B站的联动，都在一定程度上提升了内容的传播效率和影响力。

内容创作者和品牌方应该注重构建与用户的长期关系，而不仅仅是一次性的分享。通过提供持续的价值，建立信任和忠诚度，可以让用户成为品牌的自发传播者。在这个过程中，优质的内容和服务是基础，而有效的分享策略则是加速器。只有两者结合，才能实现内容的广泛传播和品牌的持续发展。

6.3 利用用户推荐扩大品牌影响力

企业都希望自己的品牌能够成为人们心中的“网红”，产生“一呼百应”的号召力和“一石激起千层浪”的影响力，这就需要品牌方锻造一群忠实的“粉丝”。粉丝不仅自己是你的拥趸，还会主动去为你做“安利”。这就是用户推荐的魅力所在。

用户推荐的力量无比强大。一个满意的用户，他的朋友圈就是一个潜在的大市场；一个不满意的用户，他的每一次抱怨也会对品牌产生负面影响。因此，让用户自愿为我们做推荐，成为品牌积极的拥护者，就显得尤为重要。这就需要我们从以下几方面做出努力。

一、打造“惊呼”时刻

在品牌的世界里，没有什么比“惊呼”时刻更能让人印象深刻了。当你的产品或服务让用户眼前一亮，他们不仅会为之心动，更会迫不及待地想要分享这份惊喜。那么，如何打造这样的时刻呢？

首先，你需要深入了解你的目标用户。他们喜欢什么？他们的需求是什么？他们的痛点在哪里？只有当你真正了解并理解了用户，你才能创造出让他们心动的产品并给予相应的服务。

比如，苹果公司就深谙此道。他们的产品不仅仅是工具，更是艺术品。每一次新产品的发布，都像一场科技与设计的盛宴，让用户为之疯狂。这种“惊呼”时刻，不仅仅是产品本身的创新，更将用户体验做到了极致。

那么，你的品牌如何做到这一点呢？我们可以从以下几个方面入手。

（1）**创新设计：**让你的产品在视觉上就与众不同，比如独特的包装、创新的界面设计等。

（2）**卓越性能：**确保你的产品在性能上超越用户期待，无论是速度、耐用性还是功能。

（3）**优质服务：**提供超出用户期待的服务，比如快速响应的客户支持、个性化的售后服务等。

记住，每一个“惊呼”时刻都是用户推荐你的品牌的最佳时机。所以，要抓住这个时机，做好相应的工作，让你的品牌成为用户愿意分享的那部分，让他们的每一次体验都成为“惊呼”时刻。

二、“推荐有奖”的甜蜜诱惑

推荐奖励系统是激励用户推荐品牌的一把利剑。它直接且有效，能够让用户在享受优惠的同时成为品牌的推广者。那么，如何设计一个既吸引人又不会让品牌方负担过重的推荐奖励系统呢？

（1）**奖励的价值要与用户的努力相匹配**。如果用户只需要简单地分享一个链接，就能获得高额的回报，那么这个系统可能会吸引大量的“羊毛党”，而不是真正的品牌粉丝。相反，如果奖励太小，用户可能会觉得不值得去推荐。

（2）**奖励的发放方式要简单明了**。用户应该能够轻松地追踪他们的推荐进度，并且知道何时能够获得奖励。复杂的奖励系统可能会让用户感到困惑甚至厌倦，从而放弃推荐。

（3）**考虑将奖励与品牌的长期目标相结合**。比如，你可以设置一个阶梯式的奖励系统，用户推荐越多，获得的奖励就越大。这样，用户就会更有动力去推荐，而且这种推荐行为也会更持久。

（4）**不要忘记对推荐成功的用户表示感谢**。一个简单的感谢信息，或者一个专属的感谢礼物，都能让用户感到被重视，从而增加他们再次推荐的可能性。

三、创造易于分享的“爆款”内容

为了创造“爆款”内容，你需要紧跟潮流，了解当前的热点话题和趋势。创造“爆款”内容需注意以下问题。

（1）**在社交媒体上，内容的易分享性至关重要**。制作一些易于分享的内容，比如有趣的短视频、引人入胜的图片或者富有深度的长篇文章，这些都可以成为你的品牌被广泛传播的载体。

（2）**内容应该与你的品牌定位和目标受众相关。**这样才能引起他们的共鸣。

（3）**内容的呈现形式也很重要。**短视频和动态图像往往比纯文字更能吸引用户的注意力。你可以使用各种图像、视频工具加点自己的创意来制作这些内容，比如动画、图表、表情包等。

（4）**不要忘记在内容中加入分享的提示。**比如，你可以在视频的结尾加入一个“分享给你的朋友看看”的呼吁，或者在文章中提供一个易于点击的分享按钮。

四、让推荐变得“简单粗暴”

简化推荐流程，让用户可以轻松地将你的品牌推荐给朋友，以下几种方法，可以让推荐变得简单。

第一种：提供一键分享功能，让用户可以轻松地将你的产品或服务链接分享到他们的社交网络。

第二种：你可以在产品页面或者服务流程中加入分享按钮，让用户在享受服务的同时，也能轻松地将信息传播出去。同时，确保分享的内容是吸引人的，比如一个精美的产品图片，或者一个有趣的服务故事。

第三种：你也可以通过邮件营销等方式，定期向用户发送可分享的内容。这样，用户在收到邮件时，就可以直接分享给他们的朋友。

五、持续创新，让用户“惊喜连连”

刺激用户推荐的另一个有效办法是持续创新。无论是产品的迭代升级，还是服务的改进，都要让用户感受到你的品牌在不断进步。这样，他们才会更有信心将你的品牌推荐给他人。

（1）创新不仅仅是关于产品，它也包括营销策略、客户服务和用户体验。你需要不断地尝试新的方法，以保持品牌的新鲜感和吸引力。

（2）当你推出新功能或者改进服务时，不要忘记告诉你的用户。通过社交媒体、新闻稿或者发送邮件直接通知用户，让他们知道你的品牌正在不断进步。

让用户推荐你的品牌，就像是在社交媒体上发起一场接力赛。你只需要提供足够的动力，用户就会自发地将你的品牌传递给更多的人。只要让推荐变得轻松、有趣，你的品牌影响力就会像滚雪球一样，越来越大。

6.4 社群运营与口碑传播的关联性

社群运营是品牌方与用户沟通的桥梁，口碑传播则是这座桥梁最坚实的支撑。随着社交媒体的日益发达，有很多途径可以为口碑传播服务，为口碑传播提供平台。我们可以充分发挥这方面的优势，通过社群运营有效地传播口碑。我们需要一些新颖的方法来吸引用户的注意力，激发他们的参与热情，并最终转化为积极的口碑效应。以下是一些具体的策略。

一、社群主题日：打造专属活动

社群主题日是品牌方与用户互动的黄金时刻。我们设定的社群主题日不是一个简单的日期，而是一个让用户展示自我、分享故事的舞台。在这一天，我们鼓励用户讲述他们如何与品牌相遇，以及品牌如何改变了他们的生活。我们通过设计互动话题，比如“我与品牌的故事”“品牌带给我的最大惊喜”等来引导用户分享。这些故事不仅丰富了社群的内容，也让用户感受到了自己是品牌故事的一部分。

为了使社群主题日更加生动和有趣，我们可以采取多种方式来增强用户的参与感。例如，可以邀请社群中的活跃用户或影响力人物分享他们的个人经历，通过他们的视角讲述品牌故事，从而激发其他用户的兴趣。此外，我们还可以设置一些小游戏，比如“品牌知识问答”或“品牌猜猜看”，让用户在轻松愉快的氛围中了解品牌，同时也有机会赢取小礼品或积分。

二、社群积分系统：激励用户互动

积分系统是社群运营中的一件利器。我们通过精心设计的积分规则，让用户在参与社群活动的同时，也能感受到实实在在的回报。用户可以通过发帖、评论、邀请新成员等方式累积分数，这些积分可以用来兑换品牌周边产品、独家折扣等。这种直接的物质激励，让用户的每一次参与都变得有价值，有获得感，同时也让他们更愿意在社群中活跃气氛，分享自己的积分兑换经历，从而吸引更多的新用户加入。

为了使积分系统更加吸引人，我们可以定期更新积分兑换的奖品，包括但不限于限量版的品牌商品、独家体验活动等，这样能够吸引用户，让用户始终保持新鲜感和期待。同时，我们还可以设置积分排行榜，展示积分最高的用户，这样能够激励其他用户积极参与，争取更高的排名。

三、社群问答环节：增强用户参与度

问答环节是社群互动的催化剂。我们可以定期邀请品牌专家或创始人团队参与社群问答，解答用户的疑问，分享行业内幕，或者品牌背后的趣事。这种直接的对话方式，让用户感受到品牌的人性化和透明度。用户在问答中获得的不仅是信息，更是一种被重视的感觉。这些精彩的问答内容，能够激发用户分享到其他社交平台，成为品牌口碑传播的有力工具。

为了让问答环节更加活跃，我们可以提前在社群中征集用户的问题，确保问答内容覆盖用户最关心的话题。同时，我们还可以邀请行业内的其他专家或意见领袖参与，提供多元化的观点，增加问答的深度和广度。

四、用户生成内容（UGC）：让社群成员成为品牌大使

UGC 是社群中最有说服力的内容。我们鼓励用户创作与品牌相关的内容，无论是一段视频，还是一篇博客文章，或者是一张创意图片。这些内容不仅展示了用户的创造力，也让其他用户看到了品牌的多样性。我们通过官方账号转发这些优秀的 UGC，给予创作者更多曝光机会，同时也让品牌的故事在用户的生活中得以延续。

为了激发用户的创作热情，我们可以设立 UGC 创作挑战，比如“品牌故事创作大赛”，鼓励用户以各种形式讲述他们与品牌的故事。我们还可以为优秀的 UGC 创作者提供奖励，如品牌合作机会、专属折扣等，

让他们成为另一种形式的“品牌大使”。

五、社群内部竞赛：激发用户创造力

竞赛是激发用户创造力的绝佳方式。我们举办各种主题的竞赛，比如“最佳摄影大赛”“创意写作挑战”等，让用户围绕品牌主题进行创作。这些竞赛不仅能够激发用户的创造力，还能让优秀的作品在品牌的官方渠道得到展示，成为品牌口碑传播的有力推手。

为了让竞赛更具吸引力，我们可以设置丰厚的奖品，如现金奖励、品牌工厂内部体验等，同时，我们还可以邀请专业评委参与评选，确保竞赛的公正性和专业性。此外，我们还可以在社群中分享竞赛背后的故事，如创作过程、评委点评等，让用户感受到竞赛的紧张刺激和乐趣。

六、社群专属表情包：增加趣味性

表情包是网络文化中的一种流行语言。我们可以设计一系列与品牌相关的表情包，方便用户在社群内部以及与其他社交平台的交流中使用。这些表情包不仅增加了品牌的趣味性，也让品牌以一种轻松幽默的方式融入用户的日常生活。用户在使用这些表情包的同时，也在无形中为品牌做了宣传。

为了让表情包更加贴近用户，我们可以定期根据社群内的热点话题和用户反馈来更新表情包库。同时，我们还可以鼓励用户自己设计表情包，通过投票选出最受欢迎的作品,让社群成员成为品牌表情包的共同创作者。

通过这些与社群紧密相关的活动和策略，我们不仅能够有效地促进用户之间的互动，增加用户的参与度和忠诚度，还能够在社群内部形成积极的口碑效应，并进一步扩散到更广泛的网络空间。这样的社群运营策略，不仅能够提升品牌的知名度，还能够在用户心中树立起积极、活跃的品牌形象。

6.5 案例分析 成功运用口碑传播引领热度的实例

案例一 美国的电动滑板车公司“Lime”

Lime 是一家源自美国、迅速在全球城市街头走红的电动滑板车公司，以其便捷、环保的出行解决方案，成功引领了都市出行的新潮流。Lime 品牌凭借其鲜明的街头文化特色和共享经济理念，通过创新的营销策略和社区互动，快速赢得了年轻用户群体的青睐。

Lime 的故事，就像是一场街头文化的复兴，它展现的不仅仅是一种出行方式，更是一种生活方式的宣言。这个品牌没有华丽的广告，没有明星代言，却能在短短几年内，迅速占领城市街头，成为年轻人的新宠。

Lime 的成功体现了口碑传播引领热度策略的成功，它是如何做到的呢？

（1）Lime 敏锐地抓住了共享经济的浪潮。在城市交通日益拥堵，环保意识日益增强的今天，骑电动滑板车成为一种既环保又便捷的出行选择。Lime 的滑板车设计简洁，操作方便，而且价格亲民，这些因素都让它成为城市通勤者的理想选择。它的出现，为那些厌倦了堵车和拥挤地铁的人们提供了一种新的出行方式，让人们能够在繁忙的都市生活中找到一丝自由和轻松。

（2）Lime 的营销策略非常独特。它没有选择传统的广告投放模式，而是通过社交媒体和用户的口碑来传播品牌。Lime 鼓励用户在社交媒体平台上分享他们的骑行体验，通过 UGC 的方式，Lime 的品牌故事迅速在年轻人中传播开来。每当有人分享自己骑着 Lime 滑板车在城市中穿梭的照片或视频，就是在为 Lime 做一次免费的宣传。这种自发的分享，不仅让 Lime 的品牌得到了曝光，也让用户感受到了参与和分享的乐趣。这种互动式的营销策略，让 Lime 的品牌不仅仅是一个冷冰冰的商业实体，还是一个有温度、有故事的品牌。

（3）Lime 还巧妙地利用了“稀缺性”原理。它的滑板车不是随时随地都能找到，而是分布在城市的各个角落，这种“寻宝”式的体验，让骑行变成了一种探险，增加了趣味性。人们在找到滑板车的那一刻，就像是找到了宝藏，这种惊喜感和成就感，让人们愿意分享自己的发现，从而带动更多的用户参与。这种策略不仅增加了用户对品牌的忠诚度，也营造了一种独特的品牌体验，让人们在享受便捷的同时，也能感受到一种探险的乐趣。

（4）Lime 还注重与当地社区的互动。它不仅在城市中设置滑板车，还积极参与社区活动，与当地居民建立联系。这种接地气的策略，让 Lime 不仅仅是一个品牌，更是社区的一部分，这种社区归属感，让人们更愿意为它说话。Lime 通过举办各种社区活动，如滑板车骑行比赛、环保主题活动等，不仅提高了品牌的知名度，也增强了与用户的互动，让用户感到自己伴随品牌一同成长。

案例二 盲盒玩具品牌“泡泡玛特”

泡泡玛特是中国潮流玩具文化的代表品牌，其盲盒玩具承载着艺术、设计和收藏的价值，为消费者带来了拆盒时的惊喜与乐趣。通过巧妙融合文化元素和创意设计，泡泡玛特成功打造了一个集互动、收藏、展示于一体的新型消费体验，引领了潮流玩具市场的新风尚。

首先，让我们把时间倒回到泡泡玛特刚刚崭露头角的那段时间。那时候，潮流玩具市场还是一片蓝海，而泡泡玛特就像是一个充满好奇心的探险家，带着它的盲盒玩具，悄悄地在这片蓝海上划出了一道道涟漪。泡泡玛特的风靡表明其掌握了口碑传播的密码，具体有以下几点。

（1）**不确定性和期待感是泡泡玛特吸引消费者的关键所在。**这些盲盒玩具，不仅仅是玩具，它们更像是一个个小小的惊喜盒子，每一次打开，都可能带来不同的惊喜。当你在社交媒体平台上看到朋友晒出他们刚刚推出的限量版玩具时，那种“我也想要”的冲动是不是瞬间被点燃了？这种分享的欲望，就像是一股无形的力量，推动着泡泡玛特的名字在粉丝之间迅速传播开来。

（2）**泡泡玛特巧妙地利用了社交媒体这个强大的口碑传播工具。**它鼓励粉丝在社交媒体平台上分享自己的开盒体验，这种分享不仅满足了人们展示自己“战利品”的欲望，也无形中为泡泡玛特做了免费的宣传。你可能会在Instagram、微博或者小红书上看到这样的帖子：“今天我又开到了一个超稀有的隐藏款，感觉自己运气爆棚！”这样的帖子，不仅让发布者收获了众多的点赞和评论，也让泡泡玛特的品牌影响力在无形中得到了提升。

（3）**泡泡玛特还懂得如何与粉丝互动，建立起一种“社区感”。**它定期举办各种线上、线下的活动，比如粉丝见面会、限量版盲盒发售活动等，让粉丝有机会与品牌方近距离接触，这种参与感和归属感，让粉丝更加愿意为泡泡玛特“代言”。这种粉丝经济的模式，让泡泡玛特不仅仅是一个卖玩具的公司，更是一个能够与粉丝共同成长的品牌。

（4）**泡泡玛特的成功，不仅仅是因为它的产品，更因为它懂得如何与消费者建立情感连接。**在这个快节奏的时代，人们渴望的是那份能够触动心灵的惊喜。泡泡玛特通过盲盒玩具，不仅满足了人们的好奇心，更触动了人们内心深处对于未知的渴望。每一次开盒，都是一次小小的冒险，每一次分享，都是一次心灵的交流。

在这个过程中，泡泡玛特不仅仅是在卖玩具，它更是在推荐一种文化，一种生活方式，一种属于年轻人的潮流态度。它用一个小小的盲盒，打开了一扇通往无限可能的大门，让每一个消费者都成为这场潮流盛宴的参与者。

所以，当我们谈论泡泡玛特的成功时，我们实际上是在谈论一种全新的商业模式，一种全新的消费者互动方式，一种全新的品牌传播策略。在这个模式中，每一个消费者都是品牌的一部分，每一次分享都是品牌的一次志愿宣传。

第七章

传播渠道选择与管理

7.1 各类传播渠道的优缺点分析

传播渠道的选择在当下非常重要。各个传播渠道有着各自独特的优点和缺点，只有了解它们，才能更好地为自己的传播目标服务。下面，我们具体分析一下各种传播渠道的特点。

一、社交媒体：个人舞台

优点

（1）**即时互动**：社交媒体平台如微博、微信朋友圈、Instagram 等，让你能够实时与粉丝互动。你的每一条动态，无论是一张精心挑选的照片，还是一段幽默风趣的文字，都能在瞬间点燃粉丝的热情，如同烟花般绚烂，但你同时也要准备好应对热度的快速消退。要想持续保持热度，你需要不断地创新和互动。

（2）**个性化定制**：社交媒体平台给了你一个展示自我的舞台。你可以根据自己的兴趣、风格和目标受众来定制内容。无论是时尚博主的穿搭分享，还是科技爱好者的新品评测，你都可以在这里找到自己的位置。个性化的内容不仅能够吸引特定的受众，还能让你在众多内容创作者中脱颖而出。

（3）**低成本**：相较于传统的广告投放模式，社交媒体营销方式的成本要低得多。你不需要昂贵的广告位，只需要一部智能手机和独特的创意，就能开始你的营销之旅。这对于预算有限的初创企业和个人来说，无疑是一个巨大的优势。但同时，这也意味着竞争更加激烈，为了让自己的声音被听见，你需要更加努力。

缺 点

（1）**信息过载**：在社交媒体平台上，每个人都在努力发声，试图吸引注意力。这导致了信息的过载，你的帖子很容易就被淹没在海量的内容中。要想在信息的海洋中脱颖而出，就需要有独特的视角和创意。

（2）**算法挑战**：社交媒体平台的算法是不断变化的，它们决定了你的内容能够被多少人看到。你需要不断学习和适应这些算法的变化，才能确保你的内容能够持续获得曝光。这就像在玩一场永无止境的游戏，你永远不知道下一个规则是什么。

二、内容平台：内容为王

优 点

（1）**深度见解**：在知乎、简书等平台上，你可以发布深度文章，分享你的专业知识和独到见解。这些平台的用户往往对内容的质量有着更高的要求，他们愿意花时间去阅读和思考。在这里，你可以建立起自己的权威形象，吸引那些感兴趣的读者。

（2）长尾效应：好的内容具有长久的生命力。一篇高质量的文章，即使发布多年后，仍然可能被新的读者发现和分享。这种长尾效应可以持续为你带来流量和关注，甚至在不经意间成为经典。

缺点

（1）内容创作压力大：在内容平台上，持续产出高质量的内容是一项艰巨的任务。你需要不断地学习新知识，保持对行业的敏感度，才能创作出有价值的内容。这对创作者来说，无疑是一项巨大的挑战。

（2）变现困难：虽然内容平台可以为你带来流量和关注，但如何将这些转化为实际的收入却是一个难题。你需要探索多种变现方式，如广告分成、知识付费等，这需要时间和策略。

三、视频平台：视觉盛宴

优点

（1）视觉冲击力：视频平台如抖音、快手、B站等，以其丰富的视觉元素和动态表现力，能够迅速吸引用户的注意力。短视频的流行，更是让信息的传播速度达到了前所未有的水平。一段有趣的视频，可以在几分钟内获得数百万人次的观看量，这种传播效率是其他形式难以比拟的。

（2）**易于分享**：视频内容因其娱乐性和易理解性，更容易在社交媒体上被分享。一旦你的视频内容被用户喜欢，它就会迅速传播，带来巨大的流量。

缺 点

（1）**制作成本**：制作高质量的视频内容需要专业的设备、独特的创意策划和匠心独运的后期剪辑。这些都需要投入相应的时间和资金，对个人和小团队来说，这是一个不小的挑战。

（2）**版权问题**：在视频平台上，原创内容容易被他人盗用。你需要时刻关注自己的作品是否被侵权，并采取措施保护自己的权益。这不仅耗费精力，还可能影响你的内容创作和传播。

四、新闻媒体：权威之声

优 点

（1）**权威性**：新闻媒体的报道具有较高的权威性。当你的故事被主流媒体报道时，你的声音就获得了一种官方的认可。这种权威性可以帮助你建立优势，吸引更多的关注。

（2）**广泛覆盖**：新闻媒体的报道可以覆盖到更广泛的受众群体。无论是电视、广播还是网络新闻，它们都有着庞大的受众。一旦你的新闻被报道，你的影响力将迅速扩大。

缺 点

(1) **门槛高**：要想在新闻媒体上获得报道，你需要有一定的社会影响力或事件本身具有较高的新闻价值。对大多数个人和小企业来说，这并非易事。你需要找到独特的角度，或者与媒体建立良好的关系，才能获得报道的机会。

(2) **控制力弱**：新闻报道一旦发布，你就失去了对内容的控制。媒体可能会根据自己的角度来解读你的故事，这可能会与你的原始意图有所偏差。你需要做好心理准备，接受这种不确定性。

五、论坛和社区：深度交流

优 点

(1) **精准定位**：论坛和社区往往围绕特定的主题或兴趣而建立，如豆瓣小组、知乎话题等。在这里，你可以找到与你兴趣相投的受众，进行深度的交流和讨论。这种精准的定位有助于你建立忠实的粉丝群体。

(2) **长期影响**：在论坛和社区中，你可以逐渐建立起自己的声誉。通过持续的高质量参与，你可以成为某个领域的专家或意见领袖。这种长期的影响将为你带来更多的机会和合作。

缺 点

(1) **参与度要求**：要想在论坛和社区中获得关注，你需要积极参与讨论，不断地回复评论。为了保持活跃度和影响力，你需要投入大量的时间和精力。

（2）**负面风险：**论坛和社区中的负面信息传播速度同样迅速。一旦有不利于你的信息出现，它可能会迅速扩散，对你的个人或品牌形象造成损害。你需要时刻保持警惕，及时应对。

7.2 精准定位目标受众与传播渠道选择

在多平台、多渠道的社交媒体时代，精准定位目标受众和选择合适的传播渠道是品牌成功的关键，只有做到这两点，才能让你的品牌信息精准抵达，引起共鸣，实现营销效果的最大化。那么，怎样才能达到这个目标呢？我们可以从以下几方面入手。

一、明确定位目标受众：深入了解，精准画像

（一）明确定位目标受众

在明确定位目标受众的过程中，数据分析是不可或缺的工具。通过知微、西瓜数据、微博指数等工具，你可以获取用户的基本信息、行为习惯、兴趣偏好等数据。这些数据可以帮助你构建一个全面的用户画像，从而更好地理解你的目标受众。

例如，如果你的企业是一家专注于健康饮食的品牌，你可能会发现

企业的目标受众主要是25~35岁的城市白领，他们关心健康，喜欢尝试新事物，并且有一定的消费能力。这些信息将指导你制定更有针对性的营销策略。

（二）直接对话，深入了解

数据分析虽然强大，但它无法替代直接与用户对话的功效。通过在线问卷、焦点小组访谈等方式，你可以更深入地了解用户的需求和痛点。这些一手信息将帮助你构建更加精准的用户画像，并为你的内容创作提供灵感。

例如，你可能会在用户调研中发现，你的目标受众在寻找既方便又健康的早餐解决方案。这个洞察结果将直接影响你的产品开发和营销信息，让你能够提供真正符合用户需求的产品和服务。

（三）差异化定位

了解竞争对手的目标受众和市场策略，可以帮助你找到自己的市场定位。通过分析竞品的受众画像、营销渠道和内容策略，你可以发现潜在的市场空缺，并据此调整自己的方案。

例如，如果你发现竞品主要针对的是健身爱好者，而你的目标受众更倾向于追求整体健康生活方式，那么你可以通过强调产品的全面健康益处来区分自己，吸引那些寻求全面健康解决方案的用户。

（四）精细化运营

市场细分可以帮助你更精准地定位受众。通过细分市场，你可以为不同的用户群体提供定制化的产品和服务。这不仅能够提高用户满意度，还能提高转化率。

例如，针对不同的饮食习惯和健康需求，你可以推出多种口味和配方的健康食品，满足不同用户的个性化需求。同时，你还可以通过细分市场来优化你的营销信息，使其更加贴合每个细分群体的特点。

二、传播渠道选择：策略布局，精准投放

（一）洞察与选择

在进行渠道选择之前，首先需要对各个传播渠道进行深入的分析。这包括了解每个渠道的用户基础、内容偏好、互动模式以及用户行为。例如，视频平台如 B 站和优酷，用户群体年轻且活跃，适合发布具有故事性和视觉冲击力的内容；而知乎和一些专业性论坛则更适合深度讨论和专业内容的分享，用户在这里寻求的是知识和见解。新闻媒体则以权威性和时效性著称，适合发布品牌新闻和行业动态。

（二）定制化策略

了解渠道特性后，我们需要根据这些特性来定制我们的内容策略。在视频平台上，可以制作高质量的视频内容，通过故事化的叙述方式，展示品牌故事或产品使用场景，吸引用户的注意力。在知乎等问答平台上，可以通过回答用户提出的问题，提供专业的见解和建议，建立品牌的行业专家形象。而在新闻媒体上，可以发布精心撰写的新闻稿，传递品牌

的最新动态和行业资讯，提升品牌的权威性。

（三）协同作战

在多渠道传播中，整合是关键。这意味着我们要确保在不同渠道上的信息和活动能够相互呼应，形成协同效应。例如，可以在社交媒体上发布即将在视频平台上线的新产品的预告，吸引用户关注；在新闻媒体上发布与视频内容相关的深度报道，增加话题的深度和广度；在论坛和社区中，可以引导用户分享观看视频后的感想，进一步扩大内容的影响力。

（四）动态调整

传播策略不是一成不变的，它需要根据实时数据进行动态调整。利用各种分析工具，如百度统计、腾讯分析等，我们可以实时监控各渠道的表现，包括用户互动、内容传播效果和转化率。一旦发现某个渠道的表现不佳，应立即分析原因。是内容不够吸引人？或者是投放时间、频率不合适？通过不断调整和优化，我们可以提高传播效率，确保营销活动的成功。

以一家新兴的健康食品品牌为例，该品牌的目标受众是追求健康生活的年轻都市白领。品牌方首先在社交媒体上发布了一系列健康饮食的图文教程，利用平台的互动功能，鼓励用户分享自己的健康饮食经验。同时，品牌方与视频平台合作，制作了一系列健康饮食教程视频，通过故事化的叙述，展示了健康食品如何融入日常生活。在知乎等问答平台上，品牌专家积极回答与健康饮食相关的问题，提供科学的饮食建议，建立了品牌的权威形象。此外，品牌方还在新闻媒体上发布了关于健康饮食趋势的分析文章，以及在以健康为主题的论坛中分享用户的成功案例，进一步增强了品牌的可信度。

总之，通过深入分析用户数据，我们能够绘制出受众的清晰画像，洞察他们的需求和偏好。而选择合适的社交媒体平台，则是将品牌信息有效传递给目标群体的桥梁。在这个过程中，我们不仅要关注数据和分析，更要注重内容的创意和情感的连接。

7.3
传播渠道组合与协同作用发挥

品牌传播的艺术在于将广告转化为一种情感的交流，一种策略的实施，一种与消费者建立深层次联系的方式。在这个过程中，品牌方就像是一位指挥家，需要精心挑选和调配各种传播渠道，让品牌信息在不同的平台上和谐共鸣，形成一场场精彩的交响乐。

一、品牌定位与渠道选择的艺术

品牌定位是传播策略的起点，它决定了品牌在市场中的位置和发展方向。不同的定位，需要不同的传播渠道来实现其目标。

（一）根据品牌成熟度来划分

（1）初创品牌：社交媒体与内容平台的双剑合璧。对初创品牌而言，在社交媒体平台上进行宣传是快速建立品牌认知的利器。通过微博、抖音等平台，品牌方可以迅速接触到广泛的受众，利用话题、挑战等形式，激发用户的参与和分享。同时，内容平台如知乎、简书则为品牌方提供了深度讲述故事的空间，通过高质量的内容，展现品牌的专业性和独特价值。在这个阶段，品牌方需要保持内容的真实性，让用户感受到品牌背后的人文关怀和创新精神。

（2）**成熟品牌：视频平台与新闻媒体的权威塑造**。成熟品牌在市场中已经占有一席之地，此时需要的是巩固地位和深化品牌形象。视频平台如B站、优酷等，可以通过高质量的视频内容，讲述品牌故事，传递品牌价值。新闻媒体则在关键时刻为品牌发声，通过新闻报道、专访等形式，提升品牌的权威性和可信度。这样的组合，既能让品牌信息深入人心，又能在关键时刻展现品牌的力量。

（3）**创新型品牌：社交媒体与视频平台的创新探索**。对于追求创新的品牌，社交媒体和视频平台是展示其创新成果的理想舞台。在这里，品牌方可以尝试AR、VR、直播等新型互动形式，吸引用户的注意力。同时，论坛和社区是收集用户反馈、进行产品测试的绝佳场所。品牌方可以通过这些平台，与用户进行直接对话，了解他们的需求和反馈，不断优化产品，保持品牌的创新活力。

（二）根据产品类型来划分

（1）**快消品**：利用短视频和社交媒体，打造有趣、流行的广告内容，吸引年轻受众。例如，可口可乐的微博广告和短视频挑战赛。

（2）**高端品牌**：选择新闻媒体和社交媒体作为主要传播渠道，强调品牌故事和文化内涵，吸引对品质有要求的消费者。例如，奢侈品牌通过时尚杂志和官方微博发布新品信息和活动。

（3）**科技产品**：利用科技自媒体和论坛进行深度评测和讨论，同时通过社交媒体吸引年轻用户群体。例如，华为与科技自媒体合作，通过自媒体账号发布新品评测文章，同时在微博上发起话题讨论。

（4）**文化产品**：通过内容平台和社交媒体平台传播文化内涵和价值观，吸引对文化感兴趣的受众。例如，"故宫文创"通过微信公众号和微博发布历史文化知识和创意产品。

二、渠道协同，打造信息传播的交响乐

传播渠道的组合策略是品牌在信息传播战场上的兵法，它要求品牌在众多的传播渠道中，巧妙地搭配使用，以达到最佳的传播效果。

（一）核心渠道与辅助渠道的搭配

在传播渠道的选择上，品牌方应该明确哪些是核心渠道，哪些是辅助渠道。核心渠道通常是那些能够带来最大流量和最直接用户互动的平台，比如对于大多数品牌方来说，社交媒体平台可能是核心渠道，因为它能够迅速触及广泛的受众。而辅助渠道则可以是内容平台、论坛、博客等，它们虽然流量可能不如核心渠道，但在深度和精准度上有其独特优势。品牌方应该在核心渠道上投入主要资源，同时利用辅助渠道补充和深化信息的传播，形成层次感，扩大品牌的覆盖面。例如，品牌方可以在社交媒体上发布吸引人的短视频，然后在内容平台上发布详细的产品评测，两者相互

配合，既能够吸引用户的注意力，又能够提供深入的信息。

（二）线上与线下的结合

线上渠道的便捷性和广泛性是其优势，但线下活动和实体店则能够提供更直接的用户体验。品牌方应该将线上渠道与线下活动相结合，形成闭环。线上可以作为预热和宣传的平台，吸引用户关注即将到来的线下活动；而线下活动则可以作为品牌方与用户直接互动的场所，增强用户的品牌忠诚度。例如，品牌方可以在社交媒体上发布新品预告，然后在实体店举办新品体验会，让用户在亲身体验后，再回到线上分享自己的感受，形成口碑传播。

（三）短、中、长内容的匹配

不同长度和形式的内容适用于不同的传播渠道和用户需求。品牌方应该根据渠道特性和用户习惯，制作适合的内容。在社交媒体上，短小精悍的内容更容易被快速消费和分享；在内容平台上，深度长文则能够展现品牌方的专业性；而在视频平台上，中长度的视频内容则能够更好地讲述故事。品牌方应该根据这些平台所具有的特点，制作多样化的内容，满足用户在不同场景下的需求。例如，品牌方可以在社交媒体上发布简短的产品介绍，吸引用户关注；在内容平台上发布详细的用户指南，帮助用户深入了解产品；而在视频平台上，可以制作品牌故事或用户使用案例，增强情感共鸣。

（四）多媒体形式的互补

在信息传播中，多媒体形式的互补使用能够极大地增强内容的丰富性和吸引力。品牌方应该利用文字、图片、音频、视频等多种媒体形式，创造出多样化的内容。例如，一篇图文并茂的博客文章可以吸引视觉型用户，而一段有声书则能够吸引听觉型用户。视频内容则可以通过视觉和听觉的双重刺激，提供沉浸式的体验。品牌方可以通过这些多媒体形式的组合，让信息在不同的渠道和平台上以最佳的形式呈现，从而提高用户的参与度，加深用户对品牌的记忆。

（五）强强联合出奇效

品牌之间的合作可以产生 1+1>2 的效果。通过与具有互补优势的渠道合作，品牌方之间可以共同打造有影响力的内容或活动。这种合作可以是跨行业的，也可以是同行业内的强强联手。例如，一个时尚品牌可以与旅游平台合作，共同推出旅行穿搭指南；或者两个科技品牌可以联合举办一场创新科技展。这样的合作不仅能够扩大双方的影响力，还能够为用户带来全新的体验，提升品牌形象。

对传播渠道进行组合使用时，也需要注意一些忌讳的地方。

（1）**过度分散**：选择过多的渠道，导致资源和精力分散。

（2）**不匹配受众**：选择的渠道与目标受众不匹配，导致传播效果不佳。

（3）**内容同质化**：在不同渠道发布的内容过于相似，缺乏创意和差异化。

（4）**缺乏持续维护**：某些渠道需要持续的维护和管理，如论坛和社区，不能只关注短期效果。

（5）**忽视数据分析**：不重视数据分析，无法评估渠道效果并进行优化调整。

7.4 渠道效果评估与优化调整策略

如何确保前文中提到的渠道使用效果达到最佳呢？这就需要我们定期进行效果评估，并根据评估结果进行优化调整。以下几方面值得我们关注。

一、评估渠道效果：数据驱动的精细化管理

评估渠道效果，首先要学会与数据对话。数据是营销的罗盘，它告诉你哪些方向是对的，哪些需要调整。

（一）KPIs（Key Performance Indicators，关键业绩指标）设定与监控

（1）社交媒体平台：不仅要关注点赞、分享、评论这些表面数据，还要深入分析用户的行为路径，比如用户从哪个帖子点击进入你的网站，停留时间多长，转化率如何。

（2）**内容平台：**阅读量和用户停留时间是基础，但更重要的是内容的互动质量，比如用户是否在文章中留下有价值的评论，是否引发了二次传播。

（3）**视频平台：**观看次数和完播率是关键，但更重要的是用户在视频中的操作，比如暂停、回放、跳过等行为，这些都反映了内容的吸引力。

（4）**新闻媒体：**曝光量和引用次数是基础，但更重要的是新闻内容的深度和广度，以及它如何影响公众舆论。

（5）**论坛和社区：**讨论热度和用户参与度是核心，但更重要的是用户的情感倾向，正面还是负面，以及他们是否愿意推荐给他人。

（二）A/B 测试与迭代

（1）设计不同的内容、标题、图片、发布时间等变量，进行 A/B 测试，找出最有效的组合。

（2）测试不仅仅是一次性的，而是一个持续的过程。根据测试结果不断迭代，每次都尝试新的变量组合。

（三）用户反馈与情感分析

（1）利用社交媒体监测工具，分析用户对你的品牌或产品的情感倾向。

（2）开展用户满意度调查，直接获取用户对内容、服务的真实感受。

（四）竞品分析

（1）观察竞争对手在各个渠道的表现，了解他们的策略和用户反馈。

（2）分析竞品的成功案例和失败教训，为自己的策略提供参考。

（五）LTV（Life Time Value，用户生命周期价值）分析

（1）用户生命周期价值是衡量用户从首次接触品牌到最终流失期间为品牌带来的总收益。品牌方可以通过分析用户在不同渠道的行为轨迹，预测不同用户的未来价值，从而更精准地分配资源。

（2）利用LTV模型，你可以识别出高价值用户群体，针对这些用户制定更具个性化的营销策略，提高他们的忠诚度和生命周期价值。

（六）渠道间的协同效应

（1）研究不同渠道之间的相互作用，比如用户在社交媒体上看到广告后，是否会在搜索引擎上搜索你的品牌，或者在电商平台上完成购买。

（2）通过分析这些协同效应，你可以更好地理解用户跨渠道的行为模式，优化整体的营销策略。

（七）用户行为路径分析

（1）用户在不同渠道间的行为路径是评估效果的重要依据。通过分析用户从哪个渠道进入，在哪个渠道停留，最终到哪个渠道完成转化，可以揭示用户行为的全貌。

（2）利用用户行为路径分析，可以发现潜在的转化瓶颈，优化用户旅程，提高转化率。

（八）内容效果评估

（1）对于内容的评估不应仅限于用户互动，还应包括内容的传播效果。比如，通过分析内容在不同渠道的分享率，可以了解哪些内容更容易被用户传播。

（2）对于视频内容，除了观看次数，还应关注用户在视频中的互动点，如评论、点赞、分享等，这些数据可以帮助你了解内容的吸引力和用户参与度。

（九）广告投放效果分析

（1）对于付费广告，需要深入分析广告的 CTR（Click–Through–Rate，点击通过率）、CVR（Conversion Rate，转化率）和 ROI（Return On Investment，投资回报率），以评估广告投放的效果。

（2）利用广告平台的分析工具，可以对广告的表现进行实时监控，及时调整广告创意和投放策略。

二、优化调整策略：动态调整的艺术

优化调整策略就像是在航行中不断调整船帆的方向，以适应不断变化的风向和洋流。

（一）内容个性化与本土化

（1）根据每个渠道的用户特性，定制化内容。比如，针对年轻用户的社交媒体平台，可以采用更潮流、更接地气的语言和形式。

（2）对于不同地区的用户，进行本土化调整，比如使用当地语言、文化元素等。

（二）时间策略与节奏控制

（1）分析用户活跃时间，制定发布计划。比如，工作日的早晨和下午下班时间，周末的休闲时段。

（2）控制发布节奏，避免信息过载，给用户留下消化和互动的时间。

（三）用户细分与个性化营销

（1）在用户画像的基础上，进一步细分用户群体，针对不同用户群体制定个性化的营销策略。

（2）利用自动化营销工具，实现内容和广告的个性化推送，提高用户的参与度和转化率。

（四）跨平台整合营销

（1）利用各平台的优势，进行内容的相互推广。比如，将社交媒体上的热点话题引入论坛讨论，或者将论坛中的深度讨论转化为视频内容。

（2）利用平台间的 API（Application Programming Interface，应用程序接口）设计，实现内容的自动化同步，提高效率。

（五）预算与资源优化

（1）根据渠道效果的评估结果，动态调整预算分配。对表现好的渠道，加大投入；对表现不佳的，考虑减少预算或更换策略。

（2）优化资源配置，比如将优秀的内容创作者分配到表现最好的渠道。

（六）技术与工具的应用

（1）利用数据分析工具，实时监控渠道表现，快速响应市场变化。

（2）使用自动化工具，提高内容发布的效率，比如定时发布、批量管理等。

（七）持续创新与实验

（1）保持对新趋势的敏感性，尝试新的营销手段，比如直播、短视频、AR、VR等。

（2）鼓励团队创新思维，定期举办创意头脑风暴，激发新的营销点子。

制造热度是智慧与勇气的展现。你需要用数据武装自己，用策略引领方向，通过精细化的渠道效果评估和动态的策略调整，让品牌或产品成为人们热议的焦点。

7.5 案例分析 成功选择与管理传播渠道的实例

案例 OPPO 的多渠道整合营销策略

OPPO（欧珀）作为中国智能手机市场的佼佼者，不仅在产品创新上不断突破，更在传播渠道管理上展现了其独到的策略。通过与多档热门综艺节目的合作，OPPO 成功地将品牌形象与年轻、活力、创新的标签紧密相连。这一策略不仅提升了品牌的市场认知度，更在年轻消费者群体中奠定了深厚的情感基础。

OPPO 选择与管理传播渠道的成功经验具体表现在以下几个方面。

（1）OPPO 在社交媒体上的宣传策略是其传播渠道管理的重要组

成部分。通过微博、微信、抖音等平台，OPPO 发布的内容紧贴年轻人的兴趣和生活方式，如时尚潮流、科技前沿等。这些内容不仅展示了 OPPO 手机的多样化功能，还通过用户的自发分享，形成了强大的口碑效应。同时，OPPO 与科技博主和 KOL 的深度合作，为消费者提供了更加真实和详细的产品信息。这种合作模式不仅增强了内容的可信度，也为 OPPO 打开了更广阔的传播渠道。

（2）在视频平台，OPPO 制作了一系列与品牌形象相符的创意广告和短片，通过故事化的内容和高质量的制作，传递了 OPPO 的品牌理念。这些视频内容不仅在视觉上吸引观众，更在情感上与观众产生共鸣，有效加深了消费者对品牌的记忆。OPPO 通过这些视频，巧妙地将产品特性与用户的情感需求相结合，使得品牌信息在无形中深入人心。

（3）OPPO 通过参与新闻发布会、行业论坛等活动，确保品牌在关键时刻获得媒体的关注。同时，OPPO 还积极回应社会热点，通过新闻稿和专题报道，展现了企业的社会责任和行业领导力，塑造了品牌的正面形象。这种积极的公关策略，使得 OPPO 在公众心目中树立了良好的品牌形象。

（4）OPPO 在各大手机论坛和科技社区中，通过设立专门的团队与用户进行深入互动，收集用户反馈，解答用户疑问。这种直接的沟通方式不仅提升了用户满意度，也帮助 OPPO 更好地了解市场需求，不断优化产品。OPPO 执行了用户导向的策略，使得品牌能够快速响应市场变化，持续推出符合用户需求的新产品。

（5）OPPO 与多档综艺节目合作，如《明星大侦探》《奔跑吧》《极限挑战》等，是其传播策略的一大亮点。这些节目以其独特的内容和明星阵容，吸引了大量年轻观众。OPPO 通过在节目中的植入广告，将品牌与节目的趣味性和智慧性相结合，让 OPPO 手机成为明星们的得力助手。例如，在《明星大侦探》中，OPPO 手机不仅是明星们解谜的工具，更是节目情节推进的关键要素。这种自然融入的方式，让观众在享受节目的同时，也对 OPPO 的产品有了更深入的了解。

（6）OPPO 利用综艺节目的热度，发起了一系列互动营销活动。在节目播出期间，OPPO 鼓励观众使用 OPPO 手机参与节目相关的互动挑战。这些活动不仅增加了节目的互动性，也让 OPPO 的品牌信息在用户中自然传播。通过这些活动，OPPO 成功地将品牌与用户的日常生活紧密联系在一起，使得品牌信息在用户群体中迅速扩散。

OPPO 深知明星效应对于品牌传播的重要性。通过与综艺节目的合作，OPPO 签约了节目中多位当红明星作为品牌代言人。这些明星在节目中的表现，以及他们与 OPPO 产品的互动，成为品牌传播的有力载体。通过明星的个人故事和影响力，OPPO 成功地将品牌形象与年轻、时尚、智慧等标签画上等号。这种策略不仅提升了品牌的知名度，更在消费者心中建立了积极的品牌形象。

通过这些策略，OPPO 不仅在综艺节目中获得了大量的曝光，更通过与节目内容的深度融合，以及明星效应的加持，成功地在年轻消费者心中树立了积极、向上的品牌形象。这种跨界合作的模式，为 OPPO 在激烈的市场竞争中赢得了一席之地，也为其他品牌提供了新的营销思路。OPPO 的案例展示了如何通过多渠道整合营销，结合创新的内容和互动方式，实现品牌热度的持续增长。

第八章

热度维护与持续发展策略

8.1 认识热度维护的重要性与挑战性

你刚刚发布了一个视频，内容新颖、创意十足，一夜之间，你的社交媒体账号就像是被点燃的烟花，点赞、评论、分享如同绚烂的火花。你感觉自己就像站在了世界的巅峰，但这种巅峰体验往往转瞬即逝。如果你不加以维护，这份热度很快就会被新的热点所取代。所以，热度维护就像给你的烟花加上了延时引线，让它在夜空中绽放得更久，更亮。

维护热度不是百米冲刺，而是一场马拉松。你需要策略、耐力和创新，具体包括以下条件。

（1）**你得有一套清晰的维护计划。**这就像给你的热度装上了 GPS，确保它不会迷失方向。

（2）**你需要规划内容发布的频率。**内容发布的频率要科学规划，确保内容的连贯性和深度，让观众期待你的下一个作品。

（3）**你需要不断地与粉丝互动，让他们感受到你的热情和真诚。**这就像是在派对上与每个人打招呼，让他们感受到你的魅力。

（4）创新是关键。在这个快速变化的世界里，只有不断创新，才能让你的热度始终保持新鲜感。你需要不断地尝试新的内容形式，新的互动方式，让你的受众始终保持好奇心。

在维护热度的过程中，你会遇到以下挑战。

一、内容的持续性

内容的持续性是维护热度的基石。假设你是一位厨师，你的招牌菜让人们赞不绝口，但如果你每天都只提供同样的菜品，食客们很快就会厌倦。同样，作为内容创作者，你需要不断地为观众带来新鲜感。这不仅仅是关于数量，更是关乎质量。你需要深入挖掘粉丝的兴趣点，结合时事热点，创造出既有深度又有趣味性的内容。同时，保持原创性是至关重要的，这不仅能够避免版权纠纷，还能让你在众多创作者中脱颖而出，建立起自己的品牌。

二、观众的注意力

在信息爆炸的时代，人们的注意力变得异常宝贵。你的内容需要像磁铁一样吸引粉丝，让他们在众多选择中停下来，专注于你。这就需要你具备敏锐的市场洞察力，了解大众的需求和喜好，然后巧妙地将这些元素融入你的内容中。同时，利用数据分析工具，你可以更精准地了解大众的行为模式，从而优化你的内容策略。这就像是在一场精心设计的游戏中，你需要不断地调整策略，才能在观众的心中占据一席之地。

三、竞争的压力

在热度的世界里，竞争无处不在。你的对手可能在任何一个地方，准备用更吸引人的内容抢走你的粉丝。这就需要你不断地提升自己，无论是内容质量、创意表达还是互动方式，都需要不断地进步。你需要保持警惕，时刻关注行业动态，了解竞争对手的动向，同时也要不断地创新，让自己成为市场上独一无二的存在。这就像是在一场马拉松比赛中，你需要不断地调整自己的节奏，保持领先，防止被其他选手超越。

四、平台的规则

每个社交媒体平台都有自己的规则和算法，这些规则决定了你的内容能否被更多的人看到。你需要学会在这些规则中找到生存和发展的空间。这就像在一场舞会上，你需要熟练掌握舞步，才能与舞伴完美配合，成为舞池中的焦点。你需要研究平台的推荐机制，了解哪些类型的内容更容易获得曝光，然后调整你的内容策略，以便更好地适应这些规则。同时，也要注意避免触碰平台的红线，警惕因为违规而受到惩罚。

五、内容的时效性与深度的平衡

在追求热点和时效性的同时，如何保持内容的深度和价值是一个难题。热点往往转瞬即逝，而具有深度的内容则需要时间沉淀。你需要在快速反应和深入挖掘之间找到平衡点。这就像在一场接力赛中，既要迅速传递接力棒，又要确保每一棒都传得稳健。你可以尝试将热点事件与深度分析相结合，或者在热点过后，提供更深层次的见解和讨论，这样既能抓住观众的眼球，又能提供长久的价值。

六、个人品牌与商业利益的协调

随着热度的增长，商业合作的机会也会随之而来。如何在维护个人品牌的同时，合理地进行商业化，是一个很大的挑战。过度的商业化可能会损害你的品牌形象，而忽视商业机会则可能错失发展机遇。你需要学会在保持内容真实性和吸引力的同时，巧妙地融入商业元素，让你的创作既能养活自己，又能持续吸引粉丝。

七、技术变革的适应

社交媒体和内容创作领域的技术变革日新月异，从视频编辑软件到直播技术，再到 AR 和 VR，新技术的出现不断改变着内容创作和消费的方式。适应这些技术变革，掌握新工具，将它们融入你的内容创作中，是保持热度的关键。这要求你保持学习的态度，不断更新自己的技能库，以便在技术浪潮中保持领先地位。

八、跨平台策略的制定与执行

在多平台运营的时代，内容创作者需要在不同的社交媒体平台上保持活跃，每个平台都有其独特的用户群体和内容偏好。制定并执行有效的跨平台策略，确保你的内容在各个平台上都能找到合适的受众，这是一个很具挑战性的任务。你需要了解每个平台的特性，比如用户年龄、兴趣点、互动方式等，然后有针对性地调整内容风格和发布策略。这就像一场多任务的跑步比赛，你需要同时关注多个赛程，确保在每个赛程上都能保持领先。

8.2 持续创新，保持内容吸引力与话题性

制造热度只是第一步，真正的挑战在于如何将这份热度持续下去，实现内容的可持续发展。以下策略可以帮助你的内容保持吸引力和话题性，让热度不减。

一、内容深度与广度的平衡

（一）深度挖掘

在内容创作中，深度是吸引专业粉丝和建立权威的关键。针对已经引起关注的热点，制作一系列深度内容，如深度报道、专题研究或专家访谈，提供更丰富的信息和更深入的分析，可以满足粉丝对深度内容的需求。例如，如果一个科技产品火了，你可以深入探讨其背后的技术原理、研发过程、市场定位以及潜在的行业变革。这样的内容不仅能够满足观众的好奇心，还能在专业领域内建立起你的权威地位。

（二）广度拓展

在保持内容深度的同时，还要拓宽内容的广度，通过相关话题的延伸，将热度扩散到更广泛的领域。例如，你可以从科技产品的热点话题延伸到生活方式的改变、社会文化的演进，甚至是全球经济的发展趋势。这样的内容能够触及更广泛的受众群体，同时也能够为观众提供更全面的视角，让他们在享受丰富信息的同时，也能感受到内容的深度和广度。

二、内容形式的多样化与创新

（一）多媒体融合

在内容呈现上，多样化的形式能够满足不同粉丝的偏好，同时也能够增加内容的趣味性和互动性。你可以尝试将同一内容以视频、图文、音频、直播等多种形式呈现，让观众在不同的场景下都能接收到你的内容。此外，尝试新的表现形式，如互动式视频、AR 体验等，这些创新的技术应用能够为你的内容增添新鲜感，吸引粉丝的注意力。例如，通过AR技术，观众可以在现实世界中与虚拟内容互动，这种沉浸式的体验无疑会大大增加内容的吸引力。

（二）内容再利用

对于已有的热门内容，不要让它成为一次性的消费品。通过再创作，你可以将这些内容转化为新的热点。例如，你可以将一个成功的视频内容剪辑成精华片段，或者制作成幕后花絮，让大家看到内容背后的制作过程。这样的内容不仅能够延续热度，还能让粉丝更加了解你的创作过程，增加他们对内容的认同感。

三、建立长期互动机制

（一）定期开展互动活动

互动是维系品牌与受众关系的重要手段。设定固定时间的问答、直播互动或挑战活动，可以让观众产生期待并积极参与。这种定期的互动可以增强用户黏度。例如，你可以通过每周固定时间在社交媒体上进行直播，回答观众的问题，或者举办主题挑战，鼓励粉丝参与并分享自己的作品。这样的活动不仅能够提高大众的参与度，还能够收集到宝贵的观众反馈，为你的内容创作提供新的方向。

（二）粉丝参与创作

鼓励粉丝参与内容的创作，让他们成为内容的一部分。你可以征集大家的故事、意见或创意，并将其融入新的内容中。这种参与感可以增强粉丝的忠诚度，同时为内容创作提供新的灵感。例如，你可以邀请粉丝分享他们的生活故事，然后制作成系列视频，讲述普通人的非凡经历。这样的内容不仅能够触动人心，还能够让粉丝感受到自己对内容创作的影响。

四、持续的品牌建设与故事讲述

（一）品牌故事

品牌故事是建立情感联系的桥梁。围绕你的品牌或个人形象，讲述一系列连贯的故事。这些故事可以是创业经历、成功案例或个人成长趣事，通过故事传递品牌价值观，建立情感联系。例如，你可以分享品牌如何从一个小作坊成长为行业领导者的过程，或者讲述个人如何在逆境中坚持创新的故事。这样的内容不仅能够展示品牌的个性，还能够激励粉丝，让他们成为品牌的忠实支持者。

（二）社会责任

品牌不仅仅是商业实体，更是社会责任的承担者。参与或发起社会公益活动，将品牌与正面的社会价值联系起来。这种正面形象可以提升品牌好感度，吸引更多人的关注和支持。例如，企业可以参与环保项目，或者支持教育事业，通过实际行动展示品牌的社会责任。这样的内容不仅能够提升品牌形象，还能够激发大众的共鸣，让他们愿意为品牌传播正能量。

五、内容的时效性与前瞻性相结合

（一）时效性内容

紧跟时事，制作与当前热点事件相关的内容。这种内容能够迅速吸引观众的注意力，但时效性内容的热度往往短暂。为了维持热度，你需要在时效性内容的基础上，提供更深层次的分析和见解。例如，当一个重大事件发生时，你可以迅速制作相关内容，同时预测该事件对其他行业可能产生哪些影响，让观众在了解事件的同时，也能理性思考更多内容。

（二）前瞻性分析

在时效性内容的基础上，提供对未来趋势的预测和分析。这样的内容不仅能够满足大众对即时信息的需求，还能在热度过后，继续吸引他们对未来发展的关注。例如，你可以分析当前科技趋势，预测未来几年内可能出现的新技术或新应用，这样的内容能够让粉丝保持对未来的好奇心，同时也能够为你的内容创作提供持续的话题。

六、建立内容生态系统

（一）内容矩阵

构建一个多元化的内容矩阵，包括新闻、教程、观点、幕后花絮等多种类型，满足不同受众的需求。这样的生态系统可以让大众在一个地方找到多样化的内容，增加他们的停留时间。例如，你可以在同一个平台上发布新闻快讯、深度分析、用户指南和幕后制作花絮，让粉丝在了解最新信息的同时，也能深入学习相关知识，或者了解内容背后的制作过程。

（二）内容联动

在不同的内容之间建立联系，比如在教程中提及新闻事件，在观点文章中引用教程内容。这种联动可以引导粉丝在内容之间进行探索，提高整体的参与度。例如，你可以在一篇关于行业趋势的文章中，引用你之前制作的教程视频，让大众在阅读文章的同时，也能通过视频获得更直观的学习体验。

七、建立内容的长期价值

（一）教育性内容

制作具有长期价值的教育性内容，如行业知识、技能教程等。这类内容即使在热度过后，仍然具有参考价值，能够持续吸引新粉丝。例如，你可以制作一系列关于编程语言的教程，这些教程不仅在发布时能够吸引大量观众，即使在几年后，仍然会有新的观者进行浏览学习。

（二）品牌故事系列

通过一系列故事讲述品牌的成长历程，这些故事可以随着品牌的发展不断更新，形成长期的内容线。例如，你可以每年制作一部纪录片，记录品牌在过去一年的重要时刻和成就，这样的内容不仅能够回顾过去，还能够展望未来，让粉丝感受到品牌的成长和变化。

通过这些策略，你可以在内容创作的道路上不断进行探索和尝试，找到最适合你的方式，让内容的热度不仅能够持续，还能转化为长期的影响力和品牌价值。

8.3 建立品牌忠诚度，稳定基础用户群体

基础用户群体是品牌成长的基石，是品牌故事的见证者，也是品牌热度的传播者。那么，如何发现这些珍贵的“种子用户”，并把他们培养成品牌的忠实拥护者，让品牌热度经久不衰呢？下面六个方面的工作可以帮助我们发现并稳定基础用户群体。

一、绘制“种子用户”地图

在品牌的世界里，每一位用户都是独一无二的。为了找到那些最有可能成为品牌忠实粉丝的潜在用户，我们需要绘制一张详尽的“种子用户”地图。这张地图上，我们要标记出那些对品牌理念高度认同的早期用户，关注他们在社交媒体上的活跃表现，以及他们对品牌内容的互动程度。通过深入分析用户行为数据，我们可以识别出这些用户的特征，比如他们的购买习惯、社交媒体活动频率，以及他们对品牌内容的正面反馈信息。

然后，我们可以通过定向营销策略，比如发送个性化邮件、发布定制化的社交媒体广告，甚至直接邀请他们参与品牌活动，将这些潜在的“种子用户”引入我们的品牌世界。这样的策略不仅能够提高转化率，还能够让用户感受到品牌的独特关怀。

二、精心培育“种子用户”

一旦找到了“种子用户”，我们的任务就是精心培育他们。这不仅仅是提供产品，更是提供一种全方位的体验。我们可以为他们提供专属的优惠，比如限时折扣、会员日特权，甚至是新产品的优先试用机会。这样的特权不仅能够让用户感受到品牌方的诚意，还能够让他们在第一时间体验到品牌的最新成果。此外，我们还可以邀请他们参与产品开发和改进，让他们的意见直接影响到产品的最终形态。通过定期的沟通和反馈，我们不仅能够了解用户的真实需求，还能够让用户感受到自己的意见被重视，从而增强他们的忠诚度。

三、构建“忠诚度成长树”

为了激励“种子用户”持续支持品牌，我们可以建立一个“忠诚度成长树”。这个树的每一层都代表着用户忠诚度的不同阶段，从新用户到忠实粉丝，每达到一个新的阶段，用户就能解锁新的奖励，比如积分兑换、会员特权，或者是品牌活动的 VIP 邀请机会。这样的成长路径不仅让用户有成就感，还能成为激发他们继续支持品牌的动力。我们可以通过积分系统、等级制度等方式，让用户在享受品牌服务的同时，清晰地看到自己的成长路径和未来的奖励。

四、启动“品牌大使计划”

“种子用户”不仅仅是消费者，他们还可以成为品牌的传播者。通过“品牌大使计划”，我们可以赋予他们特殊的使命，比如分享自己的使用体验，邀请朋友加入品牌社区，甚至参与品牌故事的创作。作为回报，他们可以获得额外的奖励，比如折扣、限量版产品，或者品牌活动的独家体验。这样的计划不仅能够扩大品牌的影响力，还能让“种子用户”感受到自己是品牌大家庭中不可或缺的一部分。通过他们的口碑传播，品牌的故事和价值观得以在更广泛的群体中传播，从而吸引更多的潜在用户。

五、“种子用户”的个性化成长路径

为了让“种子用户”感受到品牌的个性化关怀，我们可以设计一个“成长计划”，这个计划根据用户的兴趣、行为和互动程度定制。例如，对于喜欢分享的用户，我们可以鼓励他们成为内容创作者，为他们提供创作工具和平台，让他们的故事和经验成为品牌故事的一部分。我们可以通过社交媒体挑战、用户故事征集等方式，让这些用户展示自己的才华，同时为品牌带来新鲜的内容。对于积极参与社区讨论的用户，我们可以设立“社区贡献奖”，表彰他们的贡献，并邀请他们参与到品牌决策中。这样的个性化成长路径不仅能够提升用户的参与度，还能让他们在品牌发展中找到自己的位置，发挥优势。

六、“种子用户”的反馈循环

建立一个高效的用户反馈机制，让“种子用户”的意见成为品牌改进的驱动力。我们可以设置反馈渠道，如专门的反馈邮箱、在线调查问卷，或者定期的用户访谈，来收集用户的真实声音。这些反馈信息对品牌方来说是非常宝贵的，它们可以帮助我们了解用户的真实需求，及时调整产品策略和服务流程。同时，对提出宝贵建议的用户，我们要给予公开的感谢和奖励，比如在社交媒体上分享他们的建议，或者在产品更新中特别提及他们的贡献。这样的做法不仅能够让用户感受到自己的意见被重视，还能够促使他们继续为品牌贡献智慧，形成一种积极的反馈循环。

品牌的成功不仅在于吸引新用户，还在于让老用户持续地选择你。通过这些方法，我们不仅能够发现和培养“种子用户”，还能够让他们成为品牌的忠实拥护者。在这个过程中，品牌方与用户之间的关系将变得更加紧密，双方共同成长，共创未来。

8.4 建立危机预警与处理机制，确保热度稳定持久

在瞬息万变的数字时代，品牌的热度需要企业精心地策划和维护。然而，任何一种热度都可能因为突如其来的意外而变得混乱，因此，建立一套有效的危机预警与处理机制，对于维持热度至关重要。

一、预警系统：热度的“雷达”

在热度的维持战中，预警系统就像是我们的“雷达”，它能够提前捕捉到潜在的风险信号，为我们赢得宝贵的反应时间。这个系统可以帮助我们完成以下几点工作。

（1）**数据分析**：利用先进的数据分析工具，深入挖掘用户行为数据，监测热度的波动趋势。这不仅包括对自身内容的分析，还包括关注行业动态和用户兴趣的变化，以便及时调整策略。

（2）**舆论监控**：通过社交媒体监测工具，实时关注用户对品牌或事

件的讨论。这可以帮助我们及时发现负面舆论的苗头，从而采取措施避免其蔓延。

（3）**竞品分析：**密切关注竞争对手的动态，分析他们的成功案例和失败教训。这样可以让我们在危机发生时，有备无患，从对手的错误中找到转机。

二、危机预防：未雨绸缪

预防危机的发生，比应对危机更为重要。在危机发生之前，我们可以采取以下措施来加固我们的防线。

（1）**内容质量控制：**确保所有发布的内容都经过严格的质量审核，避免因为低质量或误导性信息引发用户的不满。这需要建立一套内容审查流程，确保信息的准确性和吸引力。

（2）**风险评估：**在推出任何新活动或内容之前，进行全面的风险评估。这包括对潜在的法律风险、市场风险以及用户接受度的评估。通过模拟不同场景，我们可以提前预见可能产生的问题，并制定相应的应对策略。

（3）**预案制定：**为可能出现的各种危机情况制定详细的应对预案。这包括危机沟通策略、公关声明模板，以及与关键利益相关者的沟通计划。有了这些预案，一旦危机发生，我们就能迅速行动，减少损失。

三、危机处理：化险为夷

当危机不可避免地发生时，我们需要迅速而有效地进行处理，使其对热度的影响最小化。以下是一些关键的处理步骤。

（1）**快速响应：**一旦发现危机，立即启动应急预案。这包括内部沟通，确保所有相关人员都了解当前状况，并按照预案行动。同时，对外的沟通也要及时实施，避免信息真空导致的恐慌。

（2）**透明沟通：**在危机处理过程中，保持与公众的透明沟通至关重要。这意味着我们需要公开解释发生了什么，我们正在做什么，以及我们计划如何解决问题。提高透明度可以增强公众的信任，有助于恢复品牌形象。

（3）**责任担当：**如果危机是由于我们的失误造成的，那么勇于承担责任是重建信任的关键。诚恳的道歉，加上具体的改进措施，可以有效地缓解公众的不满情绪。

（4）**修复形象：**危机过后，我们需要通过积极的行动来修复受损的形象。这包括改进产品、提供补偿，或者参与公益活动。通过这些行动，我们可以向公众展示自身的诚意和决心，逐步恢复热度。

假设你是一家新兴科技品牌的公关经理，你的品牌因为一次产品召回事件而受到公众的质疑。在这个过程中，你该如何运用危机预警与处理机制来避免品牌热度的下降呢？如下步骤可以参考。

（1）**预警：**你的预警系统监测到用户对产品召回的负面反馈开始上升。你立即组织团队分析情况，并与产品部门沟通，了解召回的原因和影响范围。

(2) **预防：** 在确认召回的必要性后，你暂停了所有相关产品的营销活动，并开始准备危机沟通计划。确保所有团队成员都了解即将发布的公关声明，并准备好回答媒体和用户可能提出的问题。

(3) **处理：** 在产品召回公告发布后，迅速通过社交媒体平台和新闻稿向公众传达信息，进行公开道歉，并承诺将为受影响的用户提供全额退款或免费更换服务。同时，启动用户服务热线，以便用户可以方便地获取帮助。

(4) **修复形象：** 在危机过后，推出一系列改进措施，包括加强产品质量控制流程，以及提供额外的客户服务；参与一项公益项目，展示品牌的社会责任感。通过这些努力，你的品牌逐渐恢复了公众的信任，热度也得以维持。

危机总是伴随着挑战，但同时也蕴含着转机。在处理危机的过程中，我们应保持创新思维，寻找将危机转化为机遇的可能。这意味着开发新的产品线，改进服务流程，或者探索新的市场策略。通过创新，我们可以在危机中找到新的增长点，让热度在新的阶段中继续燃烧。

8.5 案例分析 成功贯彻热度维护与持续发展理念的实例

案例 格力的市场领航之道

作为中国家电行业的领军企业，格力电器以其卓越的产品质量、创新的技术研发和深入人心的服务理念，赢得了广泛的市场认可。格力不仅在空调领域占据领先地位，更通过不断的技术革新，将业务拓展至智能家居和新能源等多个领域。

在中国家电市场的激烈竞争中，格力电器是一股清流，凭借其独特的品牌魅力和巧妙的市场策略，稳稳地站在行业的顶尖处。格力电器的成功秘诀既有不断创新，也因其在营销中持续进行热度维护和发展。具体操作包括以下几个方面。

（1）**格力电器在维持品牌吸引力方面，始终坚持产品创新和品牌营销的双轮驱动。**“格力·至尊”作为格力空调旗舰产品代表，以其变频冷暖、3 匹 1 级能效的卓越性能，不仅在技术上处于行业领先地位，更通过智能化功能显著提升了用户体验。用户可以将该空调作为家电智能中枢，控制与其互联的其他格力智能家电，实现个性化的使用设置。这种创新展现了格力在高端市场的技术实力，以及其对智能家居生态系统的深入探索。同时，董明珠亲自代言品牌广告，以及在各大媒体平台的广泛宣传，让格力的品牌故事深入人心，巩固了市场地位。

（2）**对于客户服务，格力电器可谓做到了极致。**他们不仅提供 24 小时的客服热线，还有快速响应的联络机制，以及由公司官方人员提供的空调清洗和保养服务。这些贴心的服务，就像给用户吃了一颗定心丸，让他们在使用格力产品的过程中，感受到的不仅仅是冷热的调节，更是一份安心和满意。而格力以品牌名冠名的各种活动，积极邀请普通消费者参与，更是让客户感受到了格力的诚意和热情，这种互动，让用户与品牌之间的关系更加紧密，用户的忠诚度自然随之加深。

（3）**面对市场的风风雨雨，格力电器总能泰然处之。**原材料价格上涨？没问题，格力通过内部成本控制和优化供应链，巧妙地化解了成本压力。同时，他们还推出了一系列高端产品，这些产品不仅节能、健康，还智能，这样的产品，自然能够在市场竞争中脱颖而出。在国际贸易摩擦日益频繁的背景下，格力也没有坐以待毙，而是积极调整出口策略，开拓新的国际市场，与当地企业合作，以多元化发展应对市场风险。技术创新，是格力的核心竞争力，他们加大研发投入，推出了具有自主知识产权的核心技术，如自主研发的压缩机和电机，这些都是格力在市场中立于不败之地的秘密武器。

（4）**在社会责任这块，格力电器也做得有声有色。**格力电器捐赠空调给贫困地区的学校，这样的公益行动，不仅提升了品牌形象，也体现了企业的社会责任。在公众对企业社会责任越来越关注的今天，格力的这些实际行动，赢得了社会的广泛赞誉。

（5）**不断注入新的活力。**格力电器的领导者董明珠让格力电器在消费者心中树立了高标准、严要求的形象。格力电器不断挑战自我，勇于创新。她常说，格力电器的成功源于不断的技术创新和对市场需求的敏锐洞察。在她的推动下，格力电器不仅在空调领域取得了突破，还在智能家居、新能源等多个领域取得了显著成就。董明珠坚信，只有不断创新，才能在激烈的市场竞争中立于不败之地。

（6）**格力电器的企业文化日益鲜明。**“格力精神”，即“忠诚、友善、勤奋、进取”，已经成为格力电器员工的行动指南。这种文化不仅激励着员工追求卓越，也为格力电器赢得了合作伙伴和消费者的尊重与信任。

（7）**在互联网时代，格力一直在积极处理网络舆论。**格力电器深知这一点，因此在面对网络舆论时，采取了积极主动的策略。当网络上出现关于格力产品的负面评论或误解时，格力电器不会选择沉默，而是迅速响应，通过官方渠道发表声明，澄清事实，传递正确的信息。透明和及时的沟通是赢得公众信任的关键。

（8）格力电器还利用社交媒体平台，与消费者进行互动，倾听他们的声音。通过这种方式，格力不仅能够及时了解消费者的需求和反馈，还能够在第一时间解决消费者的问题，从而提升品牌形象。在一些争议性事件中，格力电器的公关团队会迅速介入，与相关方进行沟通，力求达成共识，减少负面影响。

（9）格力电器还注重通过正面的网络活动来塑造品牌形象。例如，格力电器会在社交媒体平台分享其创新故事，展示其在环保、节能等领域的努力，以及对社会责任的承担。这些正面信息的传播，有助于塑造格力电器负责任、有担当的企业形象，同时也能够抵消网络上的负面舆论。

（10）格力电器的公关策略更加注重与公众的沟通和互动。董明珠本人也经常通过社交媒体平台，分享格力电器的最新动态，以及她对行业趋势的看法。她的直接和坦诚，让格力电器在网络舆论场上始终保持着积极、开放的形象。

企业领导人的领导风格和格力电器的发展战略，共同塑造了一个充满活力、勇于创新、敢于担当的品牌形象。目前，格力电器不仅在国内市场取得了辉煌成就，更在国际舞台上展现出中国制造的实力。